先秦政治思想史

梁啓超原著
賈馥茗標點

東大圖書公司印行

©先秦政治思想史

原著者　梁啓超
標點者　賈馥茗
發行人　劉仲文
著作財產權人　東大圖書股份有限公司
總經銷　三民書局股份有限公司
印刷所　東大圖書股份有限公司
復興店／臺北市復興北路三八六號六樓
重慶店／臺北市重慶南路一段六十一號
郵撥／〇一〇七一七五——〇號
初版　中華民國六十九年六月
三版　中華民國八十二年十月
編號　E 57023
基本定價　叁元叁角叁分
行政院新聞局登記證局版臺業字第〇一九七號
製版權執照臺內著字第八二號

ISBN 957-19-0399-X（平裝）

啓超治中國政治思想，蓋在二十年前，於所爲新民叢報國風報等，常作斷片的發表。雖大致無以甚異於今日之所懷，然粗疏偏宕恆所弗免。今春承北京法政專門學校之招，講先秦政治思想，四次而畢，略賡前緒而已。秋冬間，講席移秣陵，爲東南大學及法政專門講此本，講義且講且編，起十月二十三日，訖十二月二十日，凡兩閱月成。初題爲中國政治思想史，分序論、前論、本論、後論之四部。其後論則自漢迄今也。中途嬰小極，醫者謂心臟病初起旣有徵矣，宜輟講且省思慮，不則將增劇而難治。自念斯講旣已始業，終不能戛然遽止，使學子觖望，卒黽勉成之。幸病尚不增，能將本論之部編講完竣。其後論只得俟諸異日矣。因所講仍至先秦而止，故改題今名。啓超講述斯稿之兩月間，以餘力從歐陽竟無先生學大乘法相宗之教理，又値德人杜里舒博士同在金陵講學，而張君勱董其譯事，因與君勱同居，日夕上下其議論。玆二事者，皆足以牗吾之靈，而堅其所以自信，還治所業，乃益感歎，吾先哲之教之所以極高明而道中庸者，其氣象爲不可及也。書成後，徐志摩擬譯爲英文，劉文島及其夫人廖世劭女士擬譯爲法文，倘足以藥現代時敝於萬一，斯則啓超所以報先哲之恩我也已。民國十一年十二月二十八日梁啓超自序於南京成賢學舍。

先秦政治思想史 目次

本論……七一

序論

第一章　本問題之價值

人類全體文化，從初發育之日起，截至西歷十五六世紀以前我國所產者，視全世界之任何部分，皆無遜色。雖然，我國文化發展之途徑，與世界任何部分，皆殊其趣。故如希伯來人、印度人之超現世的熱烈宗敎觀念，我無有也；如希臘人日耳曼人之瞑想的形而上學，我雖有之而不昌；如近代歐洲之純客觀的科學，我益微微不足道。然則中國在全人類文化史中尙能占一位置耶？曰能。中國學術，以研究人類現世生活之理法爲中心，古今思想家皆集中精力於此方面之各種問題。以今語道之，即人生哲學及政治哲學所包含之諸問題也。蓋無論何時代何宗派之著述，未嘗不歸結於此點。坐是之故，吾國人對於此方面諸問題之解答，往往有獨到之處，爲世界任何部分所莫能逮，吾國人參列世界文化博覽會之出品特此。人生哲學，不在本講義範圍中，且置勿論。專言政治哲學。我國自春秋戰國以還，學術勃興，而所謂「百家言」者，蓋罔不歸宿於政治。其政治思想有大特色三：曰世界主義，曰平民主義或民本主義，曰社會主義。此三種主義之內容，與現代歐美人所倡導者為同為異，孰優孰劣，此屬別問題。要之此三種主義，為我國人夙所信仰，無論何時代何派別之學者，其論旨皆建設於此基礎之上。此三種主義，雖不敢謂為我國人所單獨發明，然而最少亦必為率先發明者之一，此吾所不憚昌言也。

歐洲自十四五世紀以來，國家主義萌茁發展，直至今次世界大戰前後，遂臻全盛。彼所謂國家主義者何物耶？歐洲國家，以古代的市府及中世的堡聚為其雛型。一切政治論，皆孕育於此種市府式或堡聚式的組織之下。此種組織，以向內團結，向外對抗為根本精神。其極也，遂至以仇嫉外人為獎厲愛國衝動之唯一手段（註一）。國家主義之苗，常利用人類交相妒惡之感情以灌溉之，而日趨蕃碩。故愈發達，而現代社會杌隉不安之象乃愈著。中國人則自有文化以來，始終未嘗認國家為人類最高團體，其政治論常以全人類為其對象，故目的在平天下，而國家不過與家族同為組成「天下」之一階段（註二）。政治之為物，絕不認為專為全人類中某一區域、某一部分人之利益而存在。其向外對抗之觀念甚微薄，故向內之特別團結，亦不甚感其必要。就此點論，謂中國人不好組織國家也可，謂其不能組織國家也亦可。無論為不好或不能，要之國家主義與吾人夙不相習，則甚章章也。此種「反國家主義」或「超國家主義」的政治論既深入人心，政治實況當然受其影響。以二千年來歷史校之，得失蓋參半，常被異族蹂躪是其失也。蹂躪我者非久便同化，是其得也。最後總決算，所得優足償所失而有餘。蓋其結果常增加「中國人」之組成分子，而其所謂「天下」之內容，日益廣大也。歐洲迄今大小數十國，而我國久已成爲一體，蓋此之由。雖然，此在過去爲然耳。降及近世，而懷抱此種觀念之中國人，遂一敗塗地。蓋吾人與世界全人類相接觸，不過在最近百數十年間。而此百數十年，乃正國家主義當陽稱尊之唯一時代。吾人逆潮以泳，幾滅頂焉。吾人當創鉅痛深之餘，曷嘗不竊竊致怨於先民之詒我慼！然而平陂往復，理有固然。自今以往，凡疇昔當陽稱尊之學說，皆待一一鞫訊之後而新賦予以評價，此千年間潦倒沉淪之超國家主義，——卽平天下主義、世界主義、非向外妒惡對抗主義，——在全人類文化中應占何等位置，正未易言。

平等與自由，爲近世歐洲政論界最有價值之兩大產物。中國在數千年專制政體之下，宜若與此兩義者絕相遠。然而按諸實際，殊不爾爾。除卻元首一人以外，一切人在法律之下皆應平等，公權私權皆爲無差別的享用，乃至並元首地位，亦不認爲先天特權，而常以人民所歸嚮、所安習爲條件。此種理想，吾先民二千年前，夙所倡導，久已深入人心，公認爲天經地義，事實上確亦日日向此大理想進行，演成政治原則，莫之敢犯。其最顯著者，則歐美貴族平民奴隸等階級制度，直至近百年來始次第撲滅。其餘燼之一部分，迄今猶在，我國則此種秕制，已成二千年殭石。歐人所謂『人權』，全由階級鬬爭產來，其得之也艱，故其愛護之也力。我國則反是，斯固然矣。然必有階級然後有鬬爭之主體，在久無階級之我國，玆事自不能成問題；且以學理衡之，吾儕亦不能認階級鬬爭爲性質上可崇敬之事業。若果爾者，一切階級滅盡之後，人類政治豈不日陷於墮落耶！我國歷史上未聞有此等慘酷之鬬爭，而已得有相當的人權，縱不必自豪，亦未足云辱也。所以能爾者，則以人類平等觀念，久已成爲公共信條，雖有強者，莫敢屢攖也。

自由與干涉對待，政治上干涉主義之利病，在我國先秦時代，實爲學界諍論最劇之問題。結果不干涉主義，殆占全勝。此主義以不可抗的權威，常臨乎歷代君相之上，故秦漢以降，我國一般人民所享自由權，比諸法國大革命以前之歐洲人，殆遠過之。事實具在，不可誣也。其間昏主淫威，墨吏骫法，致自由失所保障者，史固不絕書；然吏之毒民，非法律所許，民本有控愬之餘地。至對於暴君，則自昔聖賢，皆認革命爲人民正當權利，在學理上未嘗少爲假借也。我國民惟數千年生活於此種比較的自由空氣之中，故雖在亂離時，而其個性之自動的發展，尚不致大受戕賊，民族所以能永存而向上，蓋此之由。

美林肯之言政治也，標三介詞以櫽括之曰：Of the people, By the people, and For the people。譯言政爲民政，政以爲民，政由民出也。我國學說，於 Of, for 之義，蓋詳哉言之。獨於 By 義則概乎未之有聞。申言之，則國爲人民公共之國，爲人民共同利益故乃有政治。此二義者，我先民見之甚明，信之甚篤，惟一切政治當由人民施行，則我先民非惟未嘗研究其方法，抑似並未承認此理論。夫徒言民爲邦本，政在養民，而政之所從出，其權力乃在人民以外，此種無參政權的民本主義，爲效幾何，我國政治論之最大缺點，毋乃在是。雖然，所謂政由民出者，不難於其理論也，而難於其方法。希臘諸市之全民會議，遂得謂爲眞 By the people 耶？近世諸國通行之代表制、多數取決制，乃至最近試驗之蘇維埃制，又得謂爲眞 By the people 耶？皆不容無疑。然則實現 By the Poeple 主義之方法，雖在歐美今日，猶不能作圓滿解答，況我國過去之國情，——因地理及其他關係所產生之社會組織，——多不適於此類方法之試驗。既不能得有可恃之方法，則不敢輕爲理論的主張，亦固其所。要之我國有力之政治理想，乃欲在君主統治之下，行民本主義之精神，此理想雖不能完全實現，然影響於國民意識者既已甚深，故雖累經專制摧殘，而精神不能磨滅。歐美人覩中華民國猝然成立，輒疑爲無源之水，非知言也。

文化演進較深之國，政治問題，必以國民生計爲中心，此通義也。我國蓋自春秋以前，已注重此點，『既富方敎』『資富能訓』諸義，羣經既所屢言，後此諸家政論，罔不致謹於是。而其最大特色，則我國之生計學說，常以分配論爲首位，而生產論乃在次位也（註三）。歐洲所謂社會主義者，其唱導在近百餘年間耳。我國則孔、墨、孟、荀、商、韓以至許行、白圭之徒，其所論列，殆無一不帶有社會主義色彩。在此主義之下，而實行方法大相逕庭，亦與現代社會主義之派別多歧者略相似。漢唐以降之實際的政治，其爲人所稱道者，又大抵皆含有社會政策之精神，而常以裁抑豪強兼並爲職志者也。故全國人在比較的平等組織及條件之下，以遂其生計之發展。世界古今諸國中，蓋罕能與我並者，此雖半由環境所構成，抑亦學說之入人深也。

竊嘗論之，中國文明產生於大平原，其民族器度偉大，有廣納眾流之概。故極平實與極詭異之學說，同時並起，能並育而不相害。其人又極富於彈力性，許多表面上不相容之理論及制度，能巧於運用，調和焉以冶諸一爐（註四）。此種國民所產之思想，及其思想所陶鑄而成之國民意識，無論其長短得失如何，要之在全人類文化中，自有其不朽之位置，可斷言也。夫絕對的眞理之有無，學者久已疑之，理論上且有然。若夫理論之演爲制度者，其是非蓋益幻賾而不易究詰。歐洲近一二百年，政治學說、生計學說之標新領異，幾使人應接不暇。種種學說，亦泰半已經次第實現以成制度，然每一主義之昌，未嘗不有極大之流弊踵乎其後，至今日則其人深陷於懷疑惱悶之淵。舉凡前此所安習之制度，悉根本搖動，欲舍其舊而新是謀，則皇皇然若求亡子而未得也。我先民所詒我之思想，雖或未成熟，或久中斷，搜剔而磨洗之，又安見不龜手之藥終無益於人國也。由此言之，本問題之價值可以見矣。

平心論之，價值之爲物，本非絕對的不變的。吾儕殊不必妄自尊大，謂吾所有者必有以愈於人；更不宜諱疾忌醫，掩護其所短以自窒進步。但尤有一義當知者，本國人對於本國政治思想，不惟其優良者有研究價值，卽其窳劣者亦有研究價值。蓋現代社會，本由多世遺傳共業（註五）所構成，此種共業之集積完成，半緣制度，半緣思想。而思想又爲制度之源泉。過去思想，常以歷史的無上權威無形中支配現代人，以形成所謂國民意識者，政治及其他一切設施，非通過國民意識之一關，斷不能有效。質言之，非民眾積極的要求或消極的承諾之政治（註六），則不能一日存在。近二十年來，我國人汲汲於移植歐洲政治制度，一制度不效，又顧而之他，若立憲、若共和、若聯邦、若蘇維埃、……凡人所嘗行者，幾欲一一取而試驗之，然而名實相繆，治絲愈棼，蓋制度不植基於國民意識之上，譬猶掇鄰圃之繁花，施吾家之老榦，其不能榮育宜也。最近窮而思返，先覺者始揭改造思想之旗以相號召。雖然，改造云者，不惟其破壞也，而惟其建設。欲革去一舊思想，必須有一新思想焉，足饜人心者以代之，否則全社會陷於懷疑與虛無，結果仍讓彼有傳統的惰力之舊思想占優勢耳。而新思想建設之大業——據吾所確信者，萬不能將他社會之思想全部移植，最少亦要從本社會遺傳共業上為自然的濬發，與合理的箴砭洗鍊。信如是也，則我國過去政治思想，雖其中一部分對於世界無甚價值者，就吾國人立脚點言之，其價值不可蔑視明矣。

第二章　問題之內容及資料

政治思想之內容，從所表現的對象觀察，可分為二類：一曰純理，二曰應用。純理者，從理論上懸一至善之鵠，研究國家當用何種組織，施政當採何種方針……等等。應用者，從實際上校其效率，研究某種組織某種方針……等等如何始能實現。此兩者雖有區別，然常為連鎖的關係，純理必藉應用而始圓滿；應用必以純理為其基據。

從能表現之主格觀察，亦可分為二類：一曰個人的思想，二曰時代的思想。個人的思想，為大學者或大政治家腦力所產物，其性質為有意識的創造。時代的思想，由遺傳共業及社會現行習俗制度混織而成，其性質為無意識的演進。兩者亦常有交光的關係，個人能開拓時代，時代亦孕育個人。

吾儕欲研究中國政治思想史，其資料當求諸何處耶？以吾所見，區為四類：

第一類　學者之著述及言論。此為個人創造力之完全表現。例如孔子、老子、墨子、莊子、尹文、孟子、荀卿、韓非、賈誼、董仲舒、仲長統、桓寬、司馬遷、杜佑、司馬光、鄭樵、王夫之、顧炎武、黃宗羲、戴震、譚嗣同等，皆有著述傳後。吾儕將其著述爬梳整理，可以察其思想之脈絡焉。此外或無著述；或雖有、而已佚者，則從別人所徵引彼之言論以窺其思想之一斑。此惟先秦時代為較多。例如鄧析思想，見於呂氏春秋；許行思想，見於孟子；惠施思想，見於莊子；宋鈃思想，見於孟子、荀子之類是也。

第二類　政治家活動之遺蹟。政治思想與哲學思想不同。哲學思想為學者所獨有，其發表之形式專恃著述。政治思想什九與實際問題相接觸，一有機會，則不惟坐而言，直將起而行。故凡屬有主張有設施之政治家，例如周公、管仲、子產、孔子、商鞅、李斯、漢高祖、漢武帝、王莽、諸葛亮、崔浩、蘇綽、唐太宗、劉晏、陸贄、王安石、明太祖、張居正、清聖祖、曾國藩之流，無論其人爲賢爲不肖；其事業爲成爲敗；要之其關於政治上之設施，皆其思想之現於實者也。故此等人之傳記，實斯學主要資料之一種。

第三類　法典及其他制度。政治思想之實現，恆結晶以變爲成文之法典及其他單行制度。例如周官、法經、漢律、漢官、唐律、唐開元禮、元典、章明會典、清律例、清會典、乃至如通典、文獻通考等類之政書，與夫歷代詔令奏議。凡此類法制之書，雖大半遞相沿襲，而其間有所損益，恆必與其時代之要求相應。此卽彼時代政治思想之表現也。至於立法時贊成反對之意見表於言論者，尤足爲時代思想之徽幟，自無待言。

第四類　歷史及其他著述之可以證察時代背景及時代意識者 。凡思想皆應時代之要求而發生，不察其過去及當時之社會狀況，則無以見思想之來源。凡一思想之傳播，影響必及於社會，不察其後此之社會狀況，則無以定思想之評價。故欲治政治思想史，必須對於政治史經濟史、宗教史、風俗史等有相當之準備，然後其研究不至歧誤。又各時代中一般人（指學者及政治家以外之人）之言論，往往有單辭片語，優足爲當時多數人意識之代表，非博觀而約取之，不足以覘時代思想之全內容。此種資料，既無完善之成書可供採擇，則亦惟汎求諸羣籍而已。

右四類，前二類爲研究個人思想之資料，後二類爲研究時代思想之資料。其實兩者有交光的關係既如前述，則此種界限，殊無取細分也。以吾所見，中國政治思想史現存之資料，可謂極豐富。獨惜散在羣籍，非費極大之勞力，不能搜集完備；且非有銳敏的觀察力，時復交臂失之。此則凡治國故者所共感之苦痛，不徒本問題為然耳。

資料審擇，又為治國故者一種困難之業。因古來偽書甚多，若不細加甄別，必致濫引而失眞。例如以內經為黃帝思想，以陰符為太公思想，以周禮為周公思想，以家語、孔叢子所記為孔子思想，以列子、關尹子、鬼谷子等書各為其本人思想，乃至以偽古文尙書為三代時思想，雜讖緯諸書為邃古時思想，如是必至時代背景與思想系統完全混亂，而史之作用全失。

不惟偽書而已，卽眞書中所記古事古言，亦當分別觀之。蓋古代著述家，每將其理想託諸古人以自重（註七），孟子稱『有為神農之言者許行。』豈惟許行，實亦可謂有為堯舜之言者，孔丘孟軻；有為大禹之言者，墨翟。有為黃帝之言者，莊周也。故雖以此等大哲之著書確實可信者，其所述先代之事蹟及言論，大半只能認為著書者之思想，而不能盡認為所指述之人之思想。又不惟專家著述為然，卽諸經諸史中資料，亦當加審愼。孟子論治詩也，謂當『不以辭害意。』其論治書也，謂『盡信書、則不如無書。』蓋史蹟由後人追述，如水經沙濾，必變其質。重以文章家善為恢詭詄蕩之辭，失眞愈甚。吾儕既不能吐棄此等書以孤求史蹟，而其所記載又玉石混淆，則惟有參徵他種資料，略規定各時代背景之標準，其不大繆於此標準者，則信之而已。此則治一般史之通例。其方法非本書所能臚述也。

辨別偽書，凡以求時代之正確而已。不能因其偽而逕行拋棄。例如謂管子為管仲作，商君書爲商鞅作，則誠僞也。然當作戰國末法家言讀之，則爲絕好資料。謂周禮爲周公致太平之書，則誠僞也，然其中或有一小部分爲西周遺制，其大部分亦足表現春秋戰國乃至秦漢之交之時代背景，則固可寶也。又如內經決非黃帝時代書，自無待言，然其書實戰國末陰陽家言所薈萃，陰陽家如鄒衍之徒著述已佚，此書卽其絕好之代表品也。列子非列禦寇作，而爲晉人僞撰，亦略有定評。然晉人學說，傳今無幾，卽以此書覘當時時代意識之一斑，計亦良得也。

尤有一類資料決當揀棄者，漢代策問郡國所貢士，已開獎借空言之漸。唐宋以還，斯風彌扇，如韓愈、杜牧、及蘇洵、軾轍父子兄弟之徒，多以好爲膚廓之政論，濫博盛名。明清末流，帖括播毒，談政本必「危微精一，」論政制必「封建井田，」塵土羹飯屢嚼而穢，不慚優孟衣冠，久假而歸無日。凡茲讕言，槪宜芟汰。要之學者之學說，當以有無創造力爲價值標準。政治家之績業，當以有無責任心爲價值標準。合此標準，可以厠諸思想之林，否則毋慁我爲也。

第三章　研究法及本書研究之範圍

研究法有三種：第一、問題的研究法。先將所欲研究之事項劃出範圍，擬定若干題目。每個題目，皆上下古今以觀其變遷。其總問題，例如「國家起源」、「政府組織」……等等。其分問題例如「土地宜公有抑私有」、「封建爲利爲弊」、「刑罰宜取懲報主義抑取感化主義」……等等。研究某時代對於本問題之趨勢何如，某學者對於本問題之態度何如，以類相次，一題畢乃及他題。此法長處，能令吾儕對於各種重要問題，得有緻密正確的知識，而且最適於實地應用。其短處，在時代隔斷，不易看出思想變化之總因間因，且各問題相互之關係，亦不明瞭。

第二、時代的研究法。此法按時代先後順序研究。例如先三代、次春秋、次戰國、次秦漢……等。在同一時代中，又以思想家出生之早晚爲次。例如春秋戰國間，先老子，次孔子，次墨子，次商君，莊子、孟子、荀子、韓非……等。此法長處，能使思想進化之跡歷歷明白。又可以將各時代之背景——即政治實況及社會實況——委細說明，以觀思想發生之動機。其短處，則同一時代中或資料太多，對於各問題難於詳細敍述，若勉強敍述之，則易時所述，與前犯複，令讀者生厭。又一派之學說，先輩與後輩年代隔離(例如孔子與孟子，孟子與荀卿)令讀者迷其脈絡所在。

第三、宗派的研究法。此法將各種思想抽出其特色，分爲若干派。例如儒家思想，自孔子起，繼以七十子後學者，繼以孟子、荀卿、董仲舒……等等；法家思想，自管仲、子產起，次至商鞅、韓非……，乃至末流之鼂錯、諸葛亮等等；以類論次。此法長處，對於一學派之思想淵源——其互相發明、遞爲蛻變、及大派中所含支派，應時分化之跡，易於說明；各派對於具體問題所主張，亦易於比較。其短處，在時代隔斷。例如先述儒家，次述道家，則與孔子時代相次之老子，須於荀卿董仲舒……諸人敍畢乃能論及，對於思想進化次第，難以說明。又各派末流相互影響甚多，歸類難以正確；又數大派之外，其有獨立思想而勢力較微者，容易漏略。

以上三法，各有短長。好學深思之士，任取一法爲研究標準，皆可以成一有價值之名著也。政治思想與其思想之關係，茲更當一言。第一、凡偉大之學者，必有其哲學上根本觀念，而推演之以論政治。故欲研究先秦各派之政治思想，最少亦須對於彼之全體哲學，知其梗概。第二、政治與經濟，原有密切不可離之關係。吾國夙崇『政在養民』之訓，政論及政策，尤集中於人民生計。故政治思想與經濟思想，實應融冶一爐以從事研究。第三、政治思想之深入國民意識中者，恆結晶爲法律及制度。而政治之活力，常使晶體的法制生動搖。故兩者相互之機括，又治斯學者所最宜注意也。

復次，論研究者所當持之態度。科學所以成立，全恃客觀的研究精神。社會科學比諸自然科學完成較晚者，因社會事項，最易惹起吾人主觀的愛憎。一爲情感所蔽，非惟批評遠於正鵠，且並資料之取舍亦減其確實性也。一切社會科學皆然。而政治上理論，出入主奴之見尤甚。中國唐宋以後學者，所謂「正學異端」、「純王雜霸」、「君子小人」之論囂然，而斯學愈不可復理。吾儕既以治史爲業，宜常保持極冷靜的頭腦，專務忠實介紹古人思想之眞相，而不以絲毫自己之好惡夾雜其間，批評愈少愈妙。必不得已而用，亦僅採引申說明的態度，庶乎有當也。此其一。國故之學，曷爲直至今日乃漸復活耶？蓋由吾儕受外來學術之影響，採彼都治學方法以理吾故物。於是乎昔人絕未注意之資料，映吾眼而忽瑩；昔人認爲不可理之系統，經吾手而忽整；乃至昔人不甚了解之語句，旋吾腦而忽暢。質言之，則吾儕所恃之利器，實「洋貨」也。坐是之故，吾儕每喜以歐美現代名物訓釋古書，甚或以歐美現代思想衡量古人。加以國民自慢性爲人類所不能免，豔他人之所有，必欲吾亦有之然後爲快。於是堯舜禪讓，即是共和。管子軌里連鄉，便爲自治。類此之論，人盡樂聞。平心論之，以今語釋古籍，俾人易曉，此法太史公引尚書已用之，原不足爲病。又人性本不甚相遠，他人所能發明者，安在吾必不能。觸類比量，固亦不失爲一良法。雖然，吾儕愼勿忘格林威爾之格言：「畫我須是我。」吾儕如忠於史者，則斷不容以己意絲毫增減古人之妍醜，尤不容以名實不相副之解釋，致讀者起幻蔽。此在百學皆然，而在政治思想一科，更直接有『生於其心，害於其政。』之弊。吾儕所最宜深戒也。此其二。

此兩種態度，吾能言之而不能躬踐之。吾少作犯此屢矣。今雖力自振拔，而結習殊不易盡。雖然，願吾同學勿吾效也。

今當言吾書之範圍。依吾之理想，欲著一部眞有價值的中國政治思想史，總須將前文所舉四類資料全部分貫穴鎔鑄之，費兩三年精力，成一三四十萬言以上之著作，庶幾有當。今在此與諸君僅爲三個月的講習，講義隨編隨發，勢不能作此大舉，故將第三類資料殆完全拋棄，第二第四類僅擷要作補助，而專集中精力於第一類資料。坐是之故，雖名爲中國政治思想史，實則敍述先秦思想什居其七。嚴格論之，實當名爲先秦政治思想史。其涉及漢唐以後者，不過附庸餘論。所以然者，以思想家的資格創造思想，惟先秦諸哲獨擅其能。故根據第一類資料以著書。入漢遂闇然無色。原實如此，末如之何也。然此不足爲完書，自不待言。吾冀他日或有力續成之。吾尤望吾同學中倘有人全部改作之。

前所列三種研究法，本書第二（時代的）第三（宗派的）兩種並用。全書大略以時代爲次。惟春秋戰國間各國學派壁壘鮮明，爲欲表出各派特色，故對於儒墨道法四家以派別相從。其不名一家者，則附於後焉。第一種（問題的）方法與本書範圍不宜，故不用。惟問題之重要而有趣者，時或爲簡單的貫串敍述，附錄各章節之末。

附言 本書講述伊始，其組織計畫本如右。嗣以時間不敷，且復嬰病，故將漢以後全部閣舍，並改正其名曰先秦政治思想史矣。此文不復改正，以存經過之跡云爾。

十二年一月再版自記

附註

註一 羅素所著愛國功過一書，言『英國人慣用仇嫉外國的卑劣手段，以獎厲其國民愛國心，最初仇西班牙人，繼則仇法國人，繼則仇德國人，今後又不知常仇誰氏。』此言深可味。

註二 其所謂天下者，是否即天下且勿論，要之其著眼恆在當時意識所及之全人類。

註三 中國未受工業革命之影響，故分配以惰力而保平均，似不能持以與今代歐美比較。然中國百年前之經濟組織，與歐洲百年前亦迥不同，我則一向皆常能保均富而抑兼幷，此根本特色也。

註四 中國國民性之短處亦自有之，如好調和以致不徹底，即其一也，此非本論範圍，故不多及。

註五 業字爲佛敎術語，個人遺傳性謂之別業，社會遺傳性謂之共業。

註六 積極要求者，以國民意識積極的作用創造一種新組織也。例如法國之「人權宣言」爲十九世紀民權國家成立之總發動機。消極承諾者，以國民意識消極的作用，維持一種舊組織者也。例如日本今尙戴萬世一系之天皇，中國人民默許藩鎭割據。

註七 韓非子顯學篇云：『孔子墨子同道堯舜，而趣舍不同。皆自謂眞堯舜，堯舜不可復生，誰與辯儒墨之誠乎？』此語最能道出先秦諸子託古之眞相。

前論

第一章　時代背景及研究資料

我國政治思想，自孔老墨三聖以後，始畫然標出有系統的主張，成爲一家言。前此則斷片的而已。雖然，後起的學說，必有所憑藉，然後能發揮光大，故欲知思想淵源，非溯諸三聖以前不可。本章所敍述者，起唐虞以迄春秋中葉，此時代又當大別爲三期：

第一、部落期　唐虞迄殷末約千餘年。

第二、封建期　西周約三百年。

第三、霸政期　周東遷後至孔子出生前約二百年。

第一期，部落分立，大部落之首長謂之元后，小者謂之羣后。元后或稱帝、或稱王，其實與羣后地醜德齊，不過名義上認爲共主。每部落人數似甚少，其生活似甚簡單，其智識似未脫半開之域。因地廣人稀之故，各部落相互的鬬爭似不甚烈。其間以夏商兩朝保持元后資格最久，而唐虞周之先後三朝，實亦千餘年間以羣后資格同時存在。

第二期，周以西方一小部落，崛起代殷爲元后。有大政治家周公者，立大規畫以統一當時之所謂天下。「滅國五十」，分封子弟及功臣，使與舊部落相錯，而周室以邦畿千里筦其樞，形成有系統的封建政治。其時各部落民智本已日闢，而周公復『監於二代』，『制禮作樂』，實行其保育政策，故宗周文化，號稱極盛。所封建之國，以巡狩及朝覲等關係，常受中央指揮以增長其文化。百餘年後，政令漸衰，諸侯不共，宗周卒爲一異族名犬戎者所滅。

第三期，以封建之結果，各地分化發展。如齊、晉、魯、衞、宋、鄭等國，各自樹立；一面許多異民族——卽當時所謂夷狄者，亦皆有相當的進步，紛起與諸夏抗衡；就中如秦楚等，尤爲特出，於是文化成爲多元的。諸大國盛行兼幷，不惟夏商以來之部落不能圖存，卽周初所建屛藩，亦鮮克保。於是封建之局破，各國以聯盟的形式互相維繫，而強有力之二三國爲之盟主，形成所謂霸政者。在霸政之下，各國以會盟征伐等關係，交通盛開，文化亦以益濬。而各國以內部發達之結果，產生一種特別智識階級，遂成爲貴族政治。此期中之政治組織，雖各國不盡從同，然大率皆由少數貴族以合議制（？）行之。其間最著名之政治家，其所設施能詒後代以甚大之影響者，有齊之管仲與鄭之子產。

吾儕欲研究此三期之政治思想，當據何等資料耶？第一期可據者最少，自不待言。孔子欲觀夏道殷道，親詣其遺裔杞宋二國，而慨歎於文獻不足徵，則其史料之乏可想見。而前乎此者，益可想見。後世讖緯諸書言三皇五帝事甚多，皆秦漢間陰陽家言，矯誣不可信。大小戴兩禮記，屢言夏殷制，亦儒家後學推定之文。孔子明言不足徵者，而其徒能徵之，誕矣。第二期資料宜較多，實亦不然。除羣經外，惟逸周書六十篇。然亦眞贋參半，蓋當時簡册流傳不易，雖有記載，傳後者希也。第三期資料，當時或甚豐富，自秦始皇焚「諸侯史記」，蕩然無復餘。惟從左傳、國語、史記中見其什一耳。今將此三期研究資料列舉如下：

一、詩經。此書最可信。其中屬於第一期者，惟商頌五篇；屬於第三期者，約三四十篇；其餘二百餘篇，大率皆屬於第二期。書中具體的表現政治思想者不甚多，惟於研究時代背景最有關係。

二、尚書。今本五十餘篇。其一部分爲東晉人僞造，眞者二十八篇而已（今本尚有分合失眞者）。其中虞夏書四篇，商書五篇，屬第一期；又周書中泰誓一篇屬第三期；餘十八篇之周書，皆屬第二期。此書爲研究商周兩代政治思想唯一之寶典。惟虞夏書堯典、皋陶謨、禹貢三篇似出後人追述，內中一部分應屬於第三期思想之系統。

三、易卦辭爻辭。易經中此一部分，爲第二期作品。繫辭傳所謂『當殷之末世，周之盛德』也，其中表現政治思想者甚少，惟子細搜剔，可藉覘時代意識之一部。

四、儀禮。此書爲第二期或第三期作品。但與政治思想關係甚淺。

五、逸周書。內中十餘篇，略推定爲第二期作品。餘則戰國及漢人竄入。其眞之一部分，應認爲與尙書有同等價値，內所含政治思想頗多。

六、國語及左傳。二書相傳爲左丘明所作。左丘明相傳爲孔子弟子。然左傳有戰國以後語，似作者年代尙應稍後。又司馬遷所見，只有國語，其左傳乃西漢末晚出，似是將國語割裂而成，又間有僞文竄入。要之，此兩書宜作一書讀。其書爲春秋末年、或戰國初年人所著。記西東二周史蹟，而春秋時尤詳。實研究第三期政治狀況及政治思想唯一之良著也。其中追述第一二期事蹟者亦較可信憑。

七、史記。漢司馬遷所著。書中關於春秋以前之記載，大率取材於尙書國語，其間有出入者，宜分別審擇。

八、其他百家語。先秦諸子及載記中關於春秋以前事語之記述尙不少。吾儕對於此等資料信任之程度，第一、須辨原書之眞僞，其僞者宜絕對排棄；第二、雖眞書所稱道，仍須細加甄別，因先秦著作家託古之風甚熾也。

此外此時代之資料最成問題者有二書：

一、周官。亦稱周禮。後儒多稱爲周公致太平之作。然其書西漢末晚出，當時學者多指爲僞品。近代疑議益滋。據吾儕所推斷，其必非周公作，蓋成信讞。然謂全部爲漢人贗託抑又不類。意其中一部分或爲西周末厲宣時代制度，一部分則春秋戰國時列國所行，漢人雜糅此二者，而更附益其一部分，此不過吾儕所想像，未敢徵信。卽爾，而此三部分之分析抉擇，亦大非易。故此書資料雖多，宜從割愛。或別著一篇，題曰「表現於周官中之政治思想」，庶不失闕疑傳信之誼也。

二、管子。今本管子八十六篇，蓋劉向所校中秘書之舊。自司馬遷以來，卽認爲管仲所作。然中多記管仲死後事。且以思想系統論，其大部分必爲戰國末葉作品無疑，最多則牧民、山高、乘馬等篇篇首或有一兩段傳管仲口說耳。要之，管仲人物之價值，不在其爲學者，而在其爲政治家。若以彼與尹文、韓非同視，斯大謬矣。本書言政治思想精到處甚多，只能歸入戰國法家之林，不應以入本時代也。書中敍管仲政績亦多舖張，不可盡信。無已，則取其與國語相出入者信之可耳。

本篇所採資料，以詩經、尙書、國語、左傳爲主。而愼擇其餘，庶幾可以寡過云爾。

第二章　天道的思想

凡國家皆起源於氏族。族長爲一族之主祀者，同時卽爲一族之政治首長，以形成政教合一的部落。宇內古今各國之成立，莫不經過此階級，中國亦其一例也。記中國最初之社會組織者，當以國語、楚語、觀射父之言爲近眞。其言曰：

『古者民神不雜，民之精爽不攜貳者，而又能齊肅衷正。其知能上下比義，其聖能光遠宣朗，其明能光照之，其聰能聽徹之，如是則明神降之。在男曰覡，在女曰巫。是使制神之處位次主，而爲之牲器時服，而後使先聖之後之有光烈，而能知山川之號，高祖之主，宗廟之事，昭穆之世。……而敬恭明神者以爲之祝。使名姓之後，能知四時之生，犧牲之物，……壇場之所，上下之神氏姓之，出而心率舊典者爲之宗。於是乎有天地神民類物之官，謂之五官。各司其序，不相亂也。民是以能有忠信，神是以能有明德。……』(註一)

吾儕今日讀此，孰不以巫覡祝宗等爲不足齒之賤業！殊不知當時之「巫」，實全部落之最高主權者。其人「聰明聖智」，而「先聖之後」，「名姓之後」，皆由彼所「使」以供其職。而所謂「五官」者，又更在其下。蓋古代政教合一之社會，其組織略如此。彼時代殆無所謂政治理想，藉曰有之，則神意必其鵠也。

其時之神，一耶多耶？以理度之，蓋爲多神。觀文中「上下之神，氏姓所出。」一語，則知其神純屬「擬人」者，且徧於上下，其族孔繁。然而此種思想幾經洗鍊蛻變，至有史時代，而最高一神之觀念已漸確立，其神名之曰天、曰上帝。於是神意政治進爲天意政治，吾得名之曰天治主義。

關於天之觀念，亦隨時代而進化。古代之天，純爲「有意識的人格神」，直接監督一切政治。此種觀念，在古籍中到處表現，如詩經：

『皇矣上帝，臨下有赫，監觀四方，求民之莫』。（皇矣）

『有周不顯，帝命不時，文王陟降，在帝左右。』（文王）

『其香始升，上帝居歆，胡臭亶時，后稷肇祀。』（生民）

『帝省其山，柞棫斯拔，松柏斯兌，帝作邦作對。……帝謂文王，無然畔援，無然歆羨，……』（皇矣）

如書經：

『苗民弗用靈，……惟作五虐之刑，……殺戮無辜，……上帝監民，罔有馨香德，刑發聞惟腥。皇帝哀矜，庶戮之不辜，報虐以威，遏絕苗民，無世在下。……皇帝清問下民，鰥寡有辭于苗。……上帝不蠲，降咎于苗，苗民無辭于罰，乃絕厥世。……』（呂刑）

『聞于上帝，帝休。天乃大命文王，殪戎殷。』（康誥）

『夫知保抱攜持厥婦子，以哀籲天。……嗚呼！天亦哀於四方民，其眷命用懋。』（召誥）

兩經中若此類文字甚多，其詳具如下文「附錄一」所列舉。要之古代思想，極爲素樸，其對於天之觀念，與希伯來舊約全書所言酷相類。天有感覺，有情緒，有意志，與人無殊。常直接監察或指揮人類之政治行動。若此者，亦得名之曰具象的且直接的天治主義。

人類理智日進，此種素樸思想不足以維繫，於是天之觀念，逐漸醇化而爲抽象的。所謂『維天之命，於穆不已；』（詩維天之命）所謂『上天之載，無聲無臭；』（文王），所謂『穆穆在上，明明在下，灼于四方；』（書呂刑）；諸如此類。其所謂天者，已漸由宗教的意味變爲哲學的意味。而後世一切政治思想之總根核，卽從此發軔。

此明明穆穆之抽象的天，何由與吾儕人類生關係耶？吾先民以爲宇宙間有自然之大理法，爲凡人類所當率循者。而此理法實天之所命，烝民之詩曰：『天生烝民，有物有則，民之秉彝，好是懿德。』（烝民）

孟子釋之曰：『有物必有則，民之秉彝也，故好是懿德。』再以今語釋之，則謂凡一切現象，皆各有其當然之法則，而人類所秉之以爲常也，故人類社會唯一之義務在：

『順帝之則。』（皇矣）

然則所謂『帝之則』者如何，能示現於吾儕耶？其在書洪範（註二）曰：

『我聞在昔，鯀堙洪水，汩陳其五行。帝乃震怒，不畀洪範九疇，彝倫攸斁，鯀則殛死。禹乃嗣興，天乃錫禹洪範九疇，彝倫攸敍。』（洪範）

右所說者，恰如舊約書中摩西在西奈山上受十戒於上帝，其爲神話的，而非歷史的，自無待言。雖然，此神話在國民思想上有絕大意味焉。蓋「人格神」與「自然法」一致之觀念從此確立。申言之，則宗教的「神」，成爲哲學的「自然化」也。周語述王子晉之言曰：

『伯禹釐改制量，象物天地，此類百則，儀之于民，而度之於羣生。……克厭帝心，皇天嘉之，胙以天下。』

此正釋洪範語意。『此類百則，儀之于民。』卽『帝則』之假手於人以實現也。此觀念最圓滿表示者，如尚書皋陶謨（註三）所說：

『……天工，人其代之。天敍有典，勅我五典五惇哉！天秩有禮，自我五禮有庸哉！……天命有德，五服五章哉！天討有罪，五刑五用哉。政事，懋哉懋哉。』

則也、範也、敍也、秩也，皆表自然法則之總相。因則而有彝，因範而有疇，因敍而有典，因秩而有禮。則自然法則之演爲條理者也。此總相卽後此儒家道家之所謂道；其條理，則後此儒家之所謂禮；法家之所謂法也。而其淵源則認爲出於天。前此謂有一有感覺、有情緒、有意志之天直接指揮人事者，既而此感覺、情緒、意志化成爲人類生活之理法，名之曰天道，公認爲政治所從出而應守。若此者，吾名之曰抽象的天意政治。

附錄一　天道觀念表現於詩書兩經者

乃命羲和，欽若昊天。……敬授民時。（堯典）

肆類于上帝，禋于六宗，朝于山川，徧于羣神。（同上）

欽哉！惟時亮天功。（同上）

天工人其代之。天敍有典，勅我五典五惇哉！天秩有禮，自我五禮有庸哉！……天命有德，五

服五章哉！天討有罪，五刑五用哉！……（皐陶謨）

天聰明，自我民聰明。天明畏，自我民明威。（同上）

惟動丕應徯志，以昭受上帝。天其申命用休。（益稷）

非臺小子，敢行稱亂，有夏多罪，天命殛之。……夏氏有罪，予畏上帝，不敢不正。……爾尚輔予一人，致天之罰。（湯誓）

先王有命，恪謹天服。（盤庚上）

予迓續乃命於天。（盤庚中）

惟天監下民，典厥義，降年有永、有不永。非天夭民，民中絕命，民有不若德、不聽罪，天既孚命正厥德，乃曰：其如臺。（高宗肜日）

天既訖我殷命，……故天棄我。不有康食，不虞天性，不迪率典。今我民罔弗欲喪，曰：天曷不降威！……王曰：我生不有命在天？祖伊反，曰：嗚呼！乃罪多參在上，乃能責命于天？（西伯戡黎）

天毒降災荒殷邦。（微子）

惟天陰騭下民，相協厥居。……我聞在昔，鯀堙洪水，汩陳其五行，帝乃震怒，不畀洪範九疇，彝倫攸斁，鯀則殛死。禹乃嗣興，天乃錫禹洪範九疇，彝倫攸敍。（洪範）

天降割于我家，不少延。……其有能格知天命，……予不敢閉于天，降威用。（大誥）

予惟小子，不敢替上帝命。天休于寧王，興我小邦周。……今天其相民，矧亦惟卜用，嗚呼！天明畏，弼我丕丕基。（同上）

天閟毖我成功所，予不敢不極卒寧王圖事。……天棐忱辭，其考我民。……天亦惟用勤毖我民。（同上）

迪知上帝命，越天棐忱，爾時罔敢易法，矧今天降戾于周邦，……爾亦不知天命不易。（同上）

天惟喪殷。……天亦惟休于前寧人。……天命不僭。（同上）

我西土惟時怙冒，聞于上帝，帝休。天乃大命文王殪戎殷。（康誥）

天畏棐忱，民情大可見。（同上）

亦惟助王宅，天命作新民。（同上）

天惟與我民彝大泯亂。（同上）

爽惟天，其罰殛我，其不怨。凡厥罪，無在大，亦無在多，矧曰其尙顯聞於天。（同上）

惟天降命，肇我民。（酒誥）

越殷國滅無罹，弗惟德馨香祀，登聞于天。……庶羣自酒，腥聞于天。故天降喪于殷，罔愛于殷，……天非虐，惟民自速辜。（同上）

皇天既付中國民，越厥疆土于先王。（梓材）

皇天上帝，改厥元子。（召誥）

天既遐終大邦殷之命，茲殷多先哲王在天。……夫知保抱攜持厥婦子，以哀籲天。……天亦哀于四方民，其眷命用懋。(同上)

有王雖小，元子哉！……王來紹上，帝自服于中土，且曰：其作大邑，其自時配皇天。(同上)

若生子，罔不在厥初生。自餘哲命，今天其命哲，命吉凶，命歷年。……王其德之用，祈天永命。(同上)

王如弗敢及天，基命定命。……公不敢不敬天之休。(洛誥)

旻天大降喪於殷，我有周佑命，將天明威，致王罰，敕殷命，終於帝。肆爾多士，非我小國敢弋殷命，惟天不畀。允罔固亂，……惟帝不畀，惟我下民秉爲。惟天明畏。我聞曰：上帝引逸，有夏不適逸，則惟帝降格，嚮於時夏，弗克庸帝，大淫泆有辭，惟時天罔念聞。厥惟廢元命，降致罰，乃命爾先祖成湯革夏。……亦惟天丕建，保乂有殷。殷王亦罔敢失帝，罔不配天其澤。在今後嗣王，誕罔顯於天，……罔顧於天顯民祗，惟時上帝不保，降若茲大喪。……今惟我周王，丕靈承帝事。有命曰割殷，告敕於帝。……予亦念天，卽於殷大戾。……非我一人，奉德不康寧。時惟天命無違。(多士)。天命不易，天難諶。(君奭)

我聞在昔，成湯既受命，時則有若伊尹格於皇天。……在大戊，時則有若伊陟臣扈格於上帝。……故殷禮陟配天，多歷年所。(同上)

在昔上帝割，申勸寧王之德，共集大命於厥躬。……乃惟時昭文王，迪見冒，聞於上帝，惟時

受，有殷命哉。(同上)

惟帝降格於夏，有夏誕厥逸。……不克終於帝之迪，……厥圖帝之命，不克開於民之麗，乃大降罰，崇亂有夏。……天惟時求民主，乃大降顯休命於成湯，刑殄有夏。……今至於爾辟，弗克以爾多方享天之命。……非天庸釋有夏，非天庸釋有殷。乃惟爾辟，以爾多方，大淫圖天之命。……天惟五年，須暇之子孫，誕作民主，罔可念聽。天惟求爾多方，大動以威，開厥顧天，惟爾多方，罔堪顧之。惟我周王，……克堪用德。惟典神天，天惟式教我用休，簡畀殷命，尹爾多方。(多方)

民興胥漸，泯泯棼棼，……方告無辜於上，上帝監民，罔有馨香德，刑發聞惟腥。皇帝哀矜庶戮之不辜，報虐以威。(呂刑)

上帝不蠲，降咎於苗，苗民無辭於罰，乃絕厥世。(同上)

以上書經

昊天不傭，降此鞠凶。昊天不惠，降此大戾。

不弔昊天，亂靡有定，式月斯生，俾民不寧。

昊天不平，我王不寧，不懲其心，覆怨其正。(節南山)

下民之孽，匪降自天，噂沓背憎，職競由人。

天命不徹，我不敢效，我友自逸。(十月之交)

浩浩昊天，不駿其德，降喪饑饉，斬伐四國。昊天疾威，弗慮弗圖，舍彼有罪。既伏其辜，若此無罪，淪胥以鋪。如何昊天，辟言不信。如彼行邁，則靡所臻。凡百君子，各敬爾身，胡不相畏，不畏於天。（雨無正）

昊天疾威，敷於下土，謀猶回遹，何日斯沮。（小旻）

各敬爾儀，天命不又。（小宛）

悠悠昊天，曰父母且，無罪無辜，亂如此憮。昊天已威，予愼無罪，昊天泰憮，予愼無辜。（巧言）

明明上天，照臨下土。（小明）

文王在上，於昭于天。周雖舊邦，其命維新。有周不顯，帝命不時，文王陟降，在帝左右。

殷之未喪師，克配上帝，宜鑒于殷，駿命不易。

上天之載，無聲無臭，儀刑文王，萬邦作孚。（文王）

明明在下，赫赫在上，天難忱斯，不易維王。天位殷適，使不挾四方。

維此文王，小心翼翼，昭事上帝，聿懷多福，厥德不回，以受方國。

有命自天，命此文王。……篤生武王，保右命爾，燮伐大商。

殷商之旅，其會如林。……上帝臨汝，無貳爾心。（大明）

皇矣上帝，臨下有赫，監觀四方，求民之莫。……上帝耆之，憎其式廓，乃眷西顧，此維與宅。

帝省其山，柞棫斯拔，松柏斯兌。帝作邦作對，自大伯王季。

維此王季，帝度其心，……比于文王，其德靡悔，既受帝祉。

帝謂文王，無然畔援，無然歆羨，誕先登于岸。

帝謂文王，予懷明德，不大聲以色，……不識不知，順帝之則。（皇矣）

下武維周，世有哲王，三后在天，王配于京。（下武）

厥初生民，時維姜嫄，生民如何，克禋克祀，以弗無子，履帝武敏歆。……

……其香始升，上帝居歆，胡臭亶時。

上帝板板，下民卒癉。……

天之方難，無然憲憲。天之方蹶，無然泄泄。……天之方虐，無然謔謔。……天之方懠，無為夸毗。……

敬天之怒，無敢戲豫。敬天之渝，無敢馳驅。昊天曰明，及爾出王。昊天曰旦，及爾游衍。

（板）

蕩蕩上帝，下民之辟。疾威上帝，其命多辟。天生烝民，其命匪諶。靡不有初，鮮克有終。

匪上帝不時，殷不用舊。……曾是莫聽，大命以傾。（蕩）

昊天上帝，則不我遺。……昊天上帝，寧俾我遯。……昊天上帝，則不我虞。……瞻卬昊天，云如何里。……瞻卬昊天，曷惠其寧。（雲漢）

天生烝民，有物有則，民之秉彝，好是懿德。（烝民）

昊天疾威，天篤降喪。……民卒流亡，我居圉卒荒。天降罪罟，蟊賊內訌。……實靖夷我邦。（召旻）

維天之命，於穆不已，於乎不顯，文王之德之純。（維天之命）

天作高山，大王荒之，彼作矣，文王康之。（天作）

昊天有成命，二后受之。（昊天有成命）

畏天之威，于時保之。（我將）

時邁其邦，昊天其子之。（時邁）

思文后稷，克配彼天。……貽我來牟，帝命率育。（思文）

明昭上帝，迄用康年。（臣工）

敬之敬之，天維顯思。命不易哉！無曰高高在上，陟降厥士，日監在茲。（敬之）

天命玄鳥，降而生商，宅殷土芒芒。古帝命武湯，正域彼四方。（玄鳥）

帝命不違，至于湯齊，湯降不遲，聖敬日躋。昭假遲遲，上帝是祗。帝命式于九圍。（長發）

天命降監，下民有嚴，不僭不濫，不敢怠遑。（殷武）

以上詩經

附錄二　天道觀念之歷史的變遷

愈古代則人類迷信的色彩愈重，此通例也。細讀詩書兩經，案其年代，其對於天道觀念變遷之跡，蓋略可見。商周之際，對於天之寅畏虔恭，可謂至極。如書之高宗肜日、西伯戡黎、大誥、康誥、多士、多方；詩之文王、大明、皇矣等篇，儼然與舊約之申命記同一口吻。迨幽厲之交，宗周將亡，詩人之對於天，已大表其懷疑態度。如『昊天不傭，』『昊天不惠，』『昊天不平，』（節南山）『天命不徹，』（十月之交）『浩浩昊天，不駿其德；』『昊天疾威，弗慮弗圖。』『如何昊天，辟言不信；』（雨無正）『昊天泰憮，予慎無辜；』『天之方難，』『天之方蹶，』『天之方虐，』『天之方懠，』（板）『疾威上帝，其命多辟；』（蕩）『昊天上帝，寧俾我遯；』『瞻卬上帝，曷惠其寧。』（雲漢）諸如此類，對於天之信仰，已大搖動。蓋當喪亂之際，疇昔福善禍淫之恒言，事實上往往適得其反。人類理性日漸開拓，求其故而不得，則相與疑之。故春秋時一般思想之表現於左傳者，已無復稱說天意之尊嚴。其事理之不可解者，則往往歸諸鬼神術數。而有識之士，益不屑道。子產斥裨竈之言曰：

『天道遠，人道邇，非所及也。何以知之，竈焉知天道？是亦多言矣，豈不或信。』（左昭十八）

此論可以代表當時賢士大夫之心理矣。及老子用哲學家眼光，遂生出極大膽的結論。所謂：

『天地不仁，以萬物爲芻狗。』

此語驟讀若甚駭人，其實視詩人之斥天爲不惠、不平、不徹、不駿其德，辟言不信，其命多辟……者，曾何以異。此無他，神權觀念惟適用於半開的社會，其不足以饜春秋戰國時之人心，固其所也。孔子持論最中庸，亦云：

『先天而天弗違。』（易文言）

與古代傳統的天道觀念，抑大別矣。惟墨子純爲一宗教家，毅然復古，天志諸篇所說，確爲商周以前思想。而此論已不復能適用於當時之社會，及戰國末而人智益進，荀子遂大聲疾呼。謂：

『大天而思之，孰與物畜而制裁之。從天而頌之，孰與制天命而用之。』（天論篇）

此實可謂人類對於天之獨立宣言。非惟荀子，當時一般思想家之觀念，殆皆如是矣。其後董仲舒又採墨氏天志論以釋儒家言。其著書專言『天人相與之際』。兩漢學者，翕然宗之，此爲天道說之第二次復古運動。然與方士派之鬼神術數說轉相雜糅，其在學問上之價值，亦愈低落矣。千年間關於此事之思想變遷略如此。下文述各家學說時當別有所論列，今欲學者對於本問題先獲有較明瞭的觀念，輒類舉其梗概如右。

第三章　民本的思想

天的觀念與家族的觀念互相結合，在政治上產生出一新名詞焉，曰『天子。』天子之稱，始於書經之西伯戡黎，次則洪範，次則詩經雅頌中亦數見。洪範曰：

『天子作民父母以爲天下王。』

此語最能表出各代「天子」理想之全部。天子者，卽天之子。詩所謂『昊天其子之』也。一面爲天之子，一面又爲民之父母。故詩亦曰：『豈弟君子，民之父母。』有此天子以『格於上下』（堯典文）而爲之媒介，遂以形成一『天人相與』之大家族，此古代政治上之最高理想也。遂古之「巫覡政治，」不過憑附一人以宣達天意，政治完全隸屬於宗敎之下。此種「天子政治，」則認定一人以執行天意。故曰：『天工人其代之。』天而有代理人，則政敎分離之第一步也。若此者，吾名之曰間接的天治主義。

然則天子與人民爲相對的階級耶？是又不然。召誥之言曰：『皇天上帝，改厥元子。』元子者何？衆子之長也。人人共以天爲父，而王實長之云爾。元子而常常可以改，則元子與衆子之地位原非絕對的。質言之，則人人皆可以爲天子也。（註四）此種人類平等的大精神，遂爲後世民本主義之總根芽。

元子誰改之，自然是天改之。天旣有動作，必有意志，天之意念何從見？託民意以見。此卽天治主義與民本主義之所由結合也。書經中此種理想，已表示得十分圓滿。如：

『天聰明，自我民聰明；天明畏，自我民明威。』（臯陶謨）

『天視自我民視，天聽自我民聽。』（泰誓逸文孟子引）

『天畏棐忱，民情大可見。』（康誥）

『民之所欲，天必從之。』（泰誓逸文左襄三十一引）

天子爲天之代理人，在天監督之下以行政治，則本來之最高主權屬於天甚明。然此抽象的天，曷由能行使其監督耶？吾先民以爲天之知（聰明）能（明威）視聽，皆假塗於人民以體現之。民之所欲惡，卽天之所欲惡。於是論理之結果，不能不以人民爲事實上之最高主權者。故此種「天子政治」之組織，其所謂天者，恰如立憲國無責任之君主；所謂天子者，則當其責任內閣之領袖。天子對於天負責任，而實際上課其責任者則人民也。晉師曠之言曰：

『天生民而立之君，使司牧之，勿使失性。……天之愛民甚矣，豈其使一人肆於民上？……』（左襄十四）

此言君主責任之義，最爲痛切明白，而天意旣以民意爲體現，則君主亦自當以對民責任，體現其對天責任。古籍中表示此思想者甚多，如堯之於舜，舜之於禹，皆告以『天之曆數在爾躬』；而又云：『四海困窮，則天祿永終。』（論語堯曰）盤庚言『恭承民命，』召誥言『顧畏民碞，』皆對於人民積極負責任之精神也。

君主不能踐其責任則如之何？人民例得起而易置之。是卽體現天意以『改厥元子』也。此種理想，尙書湯誓、牧誓、大誥、多士、多方、等篇，言之最詳。後此孔孟之徒，主張革命爲人民正當權利，其思想實淵源於此。

革命不可常也。然則平時所以體現民意者奈何？我先民則以採納輿論爲不二法門。所謂『史載書，瞽陳詩，工誦箴諫，士傳言，庶人謗，』……等等，皆輿論機關也。古代賢士大夫，蓋絕對主張言論自由，故周厲王監謗，召穆公非之。曰：

『防民之口，甚於防川。……夫民慮之於心，而宣之於口，成而行之，胡可壅也。」（周語）

鄭人游於鄉校以議執政，或勸子產毀校，子產曰：

『夫人朝夕退而遊焉，以議政之善否，其所善者，吾則行之；其所惡者，吾則改之。是吾師也，若之何毀之。』（左襄三十一）

此皆尊重輿論之明訓也。然亦非謂輿論當絕對的盲從。左傳曾記欒書一段談話如下：

『或謂欒武子曰：聖人與衆同欲，是以濟事。子盍從衆。子爲大政，將酌於民者也。……商書曰：三人占，從二人，衆故也。武子曰：善鈞從衆。夫善，衆之主也。（左成六）

讀此一段，可以知吾先民對於「多數取決之制度」，作何等觀念。多數取決，爲現代議會政治一鐵則。良無他道足以易之。然謂多數所贊者必與國利民福相應，則按諸理論與徵諸史蹟，而皆有以明其不然也。欒書之言謂兩善相均則從眾，果能如此，眞可以現出理想的好政治，獨惜言之易而行之難耳。

古代之民本主義，曾否實現，用何種方法實現，實現到若何程度，今皆難確言。盤庚有『王命眾悉至于庭』語，大誥、多士、多方、等篇，一讀而知為周公對羣眾之演說辭。以此推之，或如希臘各市府之「全民會議。」蓋古代人少，實有此可能性也。洪範所謂『謀及庶人，』殆遵此道，周官小司寇條下云：

『掌外朝之政，以致萬民而詢焉：一曰詢國危，二曰詢國遷，三曰詢立君。』

周官雖不可盡信，然此制似屬古代所常行。蓋左傳及他書，尚屢見其跡。『衞靈公將叛晉，朝國人問焉，曰：「若衞叛晉，晉五伐我，病何如矣？」皆曰：「五伐我，我猶可以能戰。」曰：「然則如叛之？……」』（左定八）『吳之入楚也，陳懷公朝國人，問焉，曰：「欲與楚者右，欲與吳者左。」……』（左哀元）此皆詢國危之例也。『晉惠公為俘於秦，使呂飴甥朝國人，……告曰：「孤雖歸，辱社稷矣，其卜貳圉也。」眾皆哭。』（左僖十五）『周王子朝之難，晉侯使士景伯蒞問周故，士伯立于乾祭而問於介眾。』（左昭二十四）此皆詢立君之例也。前所舉盤庚將遷殷，『命眾悉至于庭，』又孟子稱太王將遷岐，『屬其耆老而告之，』此皆詢國遷之例也。由此觀之，古代人民，最少對於此三項大政，確有參與之權利。此種方法，在人口稍多的國家，當然不可行。故戰國以後，無得而稽焉。要而論之，我先民極知民意之當尊重。惟民意如何而始能實現，則始終未嘗當作一問題，以從事研究。故執政若違反民意，除卻到惡貫滿盈、羣起革命外，在平時更無相當的制裁之法，此吾國政治思想中之最大缺點也。

附錄三　民本思想之見於書經國語左傳者

皋陶曰：都、在知人，在安民。……安民則惠，黎民懷之。（臯謨陶）

天聰明，自我民聰明。天明畏，自我民明畏。（同上）

盤庚遷于殷，民不適有居，率籲眾慼。出矢言，曰：我王來，既爰宅於茲，重我民，無盡劉，不能胥匡以生。……盤庚斅于民，由乃在位。……（盤庚）

古我前后，罔不惟民之承。（同上）

朕及篤敬，恭承民命，用永地于新邑。（同上）

今我民罔不欲喪，曰：天曷不降威，大命不摯。（西伯戡黎）

皇建其有極，斂時五福，用敷錫厥庶民。惟時厥庶民于汝極。（洪範）

天子作民父母以爲天下王。（同上）

汝則有大疑，謀及乃心，謀及卿士，謀及庶人。……（同上）

庶民惟星，星有好風，星有好雨。（同上）

天棐忱辭，其考我民。（大誥）

惟乃丕顯考文王，克明德愼罰，不敢侮鰥寡，庸庸、祗祗、威威、顯民。（康誥）

天畏棐忱，民情大可見。……亦惟助王宅天命，作新民。（同上）

其丕能諴于小民，今休，王不敢後，用顧畏于民碞。（召誥）

凡民惟曰不享，惟事其爽侮。（洛誥）

惟我下民，秉爲，惟天明畏。（多士）

其在祖甲，不義惟王。舊爲小人，作其卽位，爰知小人之依，能保惠于庶民，不敢侮鰥寡。（無逸）

厥或告之曰：小人怨汝詈汝。則皇自敬德，厥愆曰朕之愆。（同上）

以上書經

人視水見形，視民知治不。（史記殷本紀引湯誥）

民非后無能胥以寧，后非民無以辟四方。（禮記表記引大甲）

天視自我民視，天聽自我民聽。（孟子引泰誓）

民之所欲，天必從之。（左襄三十一引泰誓）

衆非元后何戴，后非衆無以守邦。（周語引夏書）

民善之，則畜也。不善之，則讎也。（呂氏春秋適威篇引周書）

以上逸書

商王帝辛，大惡于民，庶民弗忍，欣戴武王以致戎于商牧，是先王非務武也，勤恤民，隱而除其害也。（周語記祭公謀父語）

防民之口，甚於防川，川壅而潰，傷人必多。民亦如之。是故爲川者決之使導，爲民者宣之使言，……夫民慮之於心，而宣之於口，成而行之，胡可壅也。若壅其口，其與能幾何。（周語記召公語）

先王知大事之必以衆濟也，故祓除其心，以和惠民。（周語記內史過語）

諺曰：獸惡其網，民惡其上。書曰：民可近也，而不可上也。……是則聖人知民之不可加也，故王天下必先諸民，然後庇焉。（周語記單襄公語）

天所崇之子孫或在畎畝，由欲亂民也。畎畝之人或在社稷，由欲靖民也。（周語記太子晉語）

成王不敢康，敬百姓也。（周語記叔向語）

民不給將有遠志，是離民也。……將民之與處而離之，……則何以國經。（周語記單穆公語）

民所曹好（韋注曹羣也），鮮其不濟也，其所曹惡，鮮其不廢也。故諺曰：衆心成城，衆口鑠金。（同上）

晉人殺厲公，邊人以告。（魯）成公在朝，公曰：臣殺其君，誰之過也？大夫莫對。里革曰：君之過也。夫君人者，其威大矣，失威而至於殺，其過多矣。且夫君也者，將牧民，而正其邪

者也。若君縱回而棄民事，……將安用之？桀奔南巢，紂踣于京，厲流于彘，幽滅于戲，皆是術也。（魯語）

昔者之伐也，起百姓以爲百姓也，是以民能欣之，故莫不盡忠極勞以致死。（晉語記史蘇語）

民之有君，以治義也，義以生利，利以豐民，若之何其民之與處而棄之也？（晉語記里克語）

長民者無親，衆以爲親。（晉語）

民天之生也，知天必知民矣。（楚語記子革語）

以上國語

國將興，聽於民。將亡，聽於神。（莊三十二記史嚚語）

或謂欒武子曰：聖人與衆同欲，是以濟事。子盍從衆。子大爲政，將酌於民者也。……商書曰：三人占，從二人，衆故也。武子曰：善鈞從衆。夫善，衆之主也。……（成六）

師曠侍於晉侯，晉侯曰：衞人出其君，不亦甚乎？對曰：或者其君實甚。良君將賞善而刑淫，養民如子，蓋之如天，容之如地，民奉其君，愛之如父母，仰之如日月，敬之如神明，畏之如雷霆，其可出乎？夫君，神之主，而民之望也，若困民之生，匱神乏祀，百姓絕望，社稷無主，將安用之，弗去何爲？天生民而立之君，使司牧之，勿使失性。有君而爲之貳，使師保之，勿使過度。……史爲書，瞽爲詩，工誦箴諫，大夫規誨，士傳言，庶人謗，商旅于市，百工獻藝，……諫失常也。天之愛民甚矣，豈其使一人肆於民上，以從其淫，而棄天地之性，必

不然矣。（襄十四）

夫上之所爲，民之所歸也。上所不爲而民或爲之，是以加刑罰焉，而莫敢不懲。若上之所爲，而民亦爲之，乃其所也，又可禁乎！（襄二十一記臧武仲語）

君民者豈以陵民，社稷是主。臣君者豈爲其口實，社稷是養。（襄二五晏嬰語）

鄭人游于鄉校以議執政，然明謂子產曰：毀鄉校如何？子產曰：何爲？夫人朝夕退而遊焉，以議執政之善否，其所善者吾則行之，其所惡者吾則改之，是吾師也，若之何毀之？……（襄三十一）

好惡不愆？民知所適，事無不濟。（昭十五記叔向語）

鄭子產作丘賦，國人謗之。……子寬以告。子產曰：何害？苟利社稷，死生以之。吾聞爲善者不改其度，故能有濟也。民不可逞，度不可改，詩曰：禮義不愆，何恤於人言。吾不遷矣。（昭四）

子產有疾，謂子太叔曰：……唯有德者能以寬服民，其次莫如猛，夫火烈，民望而畏之，故鮮死焉；水懦弱，民狎而翫之，故多死焉。（昭二十）

以上左傳

據上所列舉以校其年代，則知商周以前，民本主義極有力，西周之末尚然。東遷以後漸衰，至春秋末幾無復道此者。此固由霸政驟興之結果，抑亦當時貴族常濫用民意以傾公室，故不爲賢士大夫所許，觀晏嬰叔向之論齊晉貴族（註五），子家之論魯貴族可見矣。

第四章 政治與倫理之結合

前旣言之矣，凡國家皆起源於氏族，此在各國皆然。而我國古代，於氏族方面之組織尤極完密；且能活用其精神，故家與國之聯絡關係甚圓滑，形成一種倫理的政治。尙書堯典曰：

『克明俊德，以親九族，九族旣睦，平章百姓。』

九族者，上推高曾，下逮曾玄。喪服小記所謂：『親親以三爲五，以五爲九。』由本身推算親屬也。百姓者，楚語云：

『所謂百姓……者何也？……民之徹官百、王公之子弟之質能言、能聽、徹其官者而物賜之姓。……是爲百姓。』

堯典此文，「百姓」與下「黎民」對舉。國語屢言「百姓，」皆與「兆民」對舉。是古代「百姓，」實爲貴族專名。然則姓何自來耶？楚語此文言『物賜之姓；』左傳亦云：『天子建德，因生以賜姓』（隱八）。是謂姓爲天子所賜。然周語又云：

『伯禹……克厭帝心，皇天嘉之，胙以天下，賜姓曰姒。……胙四岳國，命爲侯伯，賜姓曰姜。……』

是又謂天子與侯伯之姓，並由天所賜。其實「姓」字从女生。說文云：『人所生也。』初民社會，先有母系，然後有父系。邃古部落，皆從母以奠厥居。因各以所屬母爲徽別，故著姓如姚、姒、姬、姜、嬴、嬛、姞、妊，字皆从女。百姓卽羣部落之義，言百者舉大數耳。各姓之長，皆名曰『后。』其位相等夷。故曰「羣后。」後世謂之諸侯「羣后」中有功德優越者，共戴爲「元后。」後世謂之天子。「姓」與社會組織之關係略如此。晉語云：

『異姓則異德，異德則異類。……同姓則同德，同德則同心。』

然則百其姓者百其類，以今語釋之，卽一百個種族不同之社會也。故堯典以「平章」言百姓。意謂平等調和各異族云爾。

唐虞夏商所謂平章百姓者成績如何？史無徵焉。至於周而發明一絕妙之平章法，曰：同姓不婚。禮記大傳云：

『繫之以姓。……雖百世而昏姻不通者，周道然也。』

足見夏商以前，未有此禁，有之自周始。質言之，則同種族之人不得互婚，凡婚姻必求諸異族也。此種制度，於我民族之發榮，有絕大影響。蓋多數異族血統之混合，卽大民族所由醇化也。周人自厲行此制，於是「百姓」相互間織成一親戚之網。天子對於諸侯『同姓謂之伯父，異姓謂之伯舅』（王制）。詩有之：『豈伊異人，兄弟甥舅』（伐木）。其大一統政策所以能實現者半由是。此制行之三千年，至今不變。我民族所以能蕃殖而健全者，亦食其賜焉。

以上所言者，異族相互間之關係也。若夫同族相互間，更有所謂宗法者以維繫之。而組織愈極綿密。禮記喪服小記及大傳述其梗概如下：

『別子爲祖，繼別爲宗。繼禰者爲小宗。有百世不遷之宗，有五世則遷之宗。』

周人用此組織以規定各侯國內族屬之關係。試爲圖以表之。

宗法表

國君（開國）—嗣君—嗣君—嗣君……

○大宗 一世 別子爲祖—二世 繼別爲宗—三世 繼別爲宗—四世 繼別爲宗—五世 繼別爲宗—六世 繼別爲宗……百世不遷

（嗣君母弟）

○小宗 大宗之弟 ○小宗 大宗之弟 ○小宗 大宗之弟 ○小宗 大宗之弟

○小宗—二世宗子之弟—繼禰小宗—繼祖小宗—繼曾祖小宗—繼高祖小宗……五世則遷

○小宗—繼禰小宗之弟—繼禰小宗—繼祖小宗—繼曾祖小宗

○小宗—繼禰小宗之弟—繼禰小宗—繼祖小宗

○小宗—繼禰小宗之弟—繼禰小宗

○小宗—繼禰小宗之弟

○小宗 嗣君庶弟

○小宗 嗣君庶弟

○小宗 嗣君庶弟

如是一國中，國君之外，更有唯一之百世不遷的大宗；有無數五世則遷的小宗。小宗之宗人，共宗其小宗。羣小宗各率其宗人以宗大宗。大宗又率羣小宗以宗國君。故詩曰：『君之宗之』。(公劉)言君與宗相待而成治也。荀子曰：『大夫士有常宗(禮論)，言大宗也，晉師服曰：『大夫有貳宗』(左桓二)，言小宗也。叔向曰：『肸之宗，十一族，惟羊舌氏在而已』(左昭三)。言小宗條分廣衍，雖遷後仍以族相屬也。

宗法不惟行之國內而已，諸國相互間亦行之。孟子記滕之父兄百官稱『吾宗國魯先君』(滕文公上)。滕開國之君叔繡，爲魯開國之君周公之弟。周公爲武王母弟。諸姬共戴之爲大宗。故曰『吾宗國』也。如是諸侯又各率其宗以宗天子。荀子曰：『天子……聖王之子也，……天下之宗室也。』(正論)故周之諸侯，稱周曰『宗周。』

宗法又不惟行於王侯之支庶而已，一般平民亦有之。左傳所記，晉有『翼九宗，』(隱六)有『懷姓九宗』(定四)。翼九宗爲晉之支庶，懷姓即隗姓，乃當時狄(匈奴)種也。傳又記『楚人執戎蠻子，致邑立宗，以誘其遺民』(哀四)。又記梗陽人有獄，魏戊不能斷，以獄上其大宗也。』(昭二十九)此可見凡民皆各有宗，且可以隨時增立。而宗之所在，即民之所歸也。故周官云：『以九兩繫邦國之民，……五曰宗，以族得民』(大宰)。言宗達於上下也。

如是國內各部分人民，各以『同姓從宗，合族屬。』(大傳文)而統之於君。故曰『君有合族之道焉。』(同上)其立法精神何在？蓋利用人類通性而善導之。故曰：『人道、親親也。親親故尊祖，尊祖故敬宗，敬宗故收族。』(同上)人莫不親愛其父母，因父母而尊父母所自出之祖先，因祖先而敬及代表祖先之宗子，卒乃以宗子之關係聯絡全族。似此大規模的家族組織，遂成爲政治上主要原素。再加以宗教的氣味，而效力益強。『萬物本乎天，人本乎祖。』（郊特牲文）尊祖觀念與敬天觀念相結合，推論之結果，可以認全人類爲一大家族。故曰：『明乎郊社之禮，禘嘗之義，治國其如示諸掌乎。』（中庸文）吾儕若能對於宗法精神根本明了，則所謂『天下之本在國，國之本在家。』（孟子文）所謂『欲治其國者，先齊其家。』（大學文）庶幾乎可以索解矣。

此種「家族本位的政治」，在當時利病如何，今不暇詳述。要之此爲後此儒家政治思想之主要成分，直至今日，其惰力依然存在，然社會組織既已全變，則其精神亦適爲殭石而已。

第五章　封建及其所生結果

後儒多言封建爲唐虞以來所有，其實非也。夏殷以前所謂諸侯，皆邃古自然發生之部落，非天子所能建之，能廢之。（註六）眞封建自周公始，武王克殷，廣封先王之後（見史記）。不過承認舊部落而已。及『周公弔二叔之不咸，乃眾建親賢，以屏藩周。』（左僖二十四）其新封之國蓋數十，而同姓子弟什居七八（註七）。蓋一面承認舊有之部落，而以新封諸國參錯其間。實際上舊部落多爲新建國之「附庸」（註八），間接以隸於天子。其諸國與中央之關係，大略分爲甸、侯、衞、荒四種（註九）。甸爲王畿內之采邑，侯卽諸侯，衞蓋舊部落之爲附庸者，荒則封建所不及之邊地也。中央則以朝覲、巡狩、會同等制度，以保主屬的關係。而諸國相互間，復有朝聘會遇等制度，以常保聯絡。

封建制度最大之功用有二：一曰分化，二曰同化。

所謂分化者，謂將同一的精神及組織，分布於各地，使各因其環境以盡量的自由發展。天子與諸侯，俱南面而治，有不純臣之義』（公羊傳注文）。各侯國所有行政機關，大略與天子相同，所差者規模稍有廣狹耳。天子不干涉侯國內政，各侯國在方百里或方數百里內，充分行使其自治權。地域小，則精神易以貫注；利害切己，則所以謀之者周。此種組織，本由部落時代之元后羣后蛻變而來。惟彼之羣后，各就其本身之極觳薄的固有文化（？）徐徐堆集。譬猶爿就枯瘠之老樹。此之侯國，則由一有活力之文化統一體分泌出來，爲有意識的播殖活動。譬猶從一大樹中截枝分栽，別成一獨立之新根幹。故自周初施行此制之後，經數百年之蓄積滋長。而我族文化，乃從各地方爲多元的平均發展。至春秋戰國間，遂有千巖競秀，萬壑爭流之壯觀，皆食封建之賜也。

所謂同化者，謂將許多異質的低度文化，醇化於一高度文化總體之中，以形成大民族意識。封建之制，有所謂衞服，卽附庸者，旣如前述。此等附庸，其性質在『司羣祀以服事諸夏。』（左僖二十一文）質言之，則舊部落而立於新侯國指導之下者也。不甯惟是，春秋諸名國，初受封時率皆與異族錯處，故齊太公初至營丘，萊夷與之爭國（見史記）。魯則密邇淮夷徐戎（雜見詩書）。晉則『疆以戎索，』（左定四）『狄之廣莫於晉爲都。』（左莊二十八）籍談謂『晉居深山，戎狄之與鄰，王靈不及，拜戎不暇。』（左昭十五）吳更斷髮文身之裔壤也。（見史記）可見殷周之際，所謂華夏民族者，其勢力不出雍岐河洛一帶。周家高掌遠蹠，投其親賢於半開的蠻族叢中，使之從事於開拓吸化之大業，經數百年艱難締造，及其末葉，而太行以南、大江以北，盡爲諸夏矣。此種同化作用，在國史中爲一最艱鉅之業。直至今日猶未完成，而第一期奏效最顯者，則周之封建也。

我族人自稱曰華、曰夏，而目異族以蠻夷。此兩相對待之名詞，發源甚古，而相沿亦甚久。如『蠻夷猾夏』（書堯典），『獲戎失華，』（左襄四）『裔不謀夏，夷不亂華。』（左定十）此等辭語，常出諸賢士大夫之口。此蓋民族意識之標幟，喜翹己以示異於人，恆情所不能免也。然而我國所謂夷夏，並無確定界線，無數蠻夷，常陸續加入華夏範圍內，以擴大民族之內容。試舉一例：史記楚世家記周夷王時（西紀前八九四至八七九），楚子熊渠之言曰：『我蠻夷也。』春秋桓八年（前七〇四），楚子熊通之言仍曰：『我蠻夷也。』襄十四年（前五八九），楚臣子囊之言則曰：『赫赫楚國，……撫有蠻夷，以屬諸夏。』（左傳文）可見現代之湖北（楚）人，向來自稱蠻夷，乃經過百六十五年後，忽自稱爲撫有蠻夷之諸夏。此等關節，實民族意識變遷之自白，讀史者不容輕輕放過也。然則其所以能如此者何耶？我國人四海一家，萬人平等的理想，發達甚早。

書所謂『光天之下，至于海隅蒼生，萬邦黎獻，共爲帝臣。』（皋陶謨）詩所謂『普天之下，莫非王土，率土之濱，莫非王臣。』（北山）蓋我先民之對異族，略如長兄對其弱弟。當其稚時，不與抗禮；及既成年，便爲平等。弱弟之自覺，亦復如是。又同姓不婚之制，亦爲夷夏混界一要具。據左傳所記，周襄王有狄后；晉文公及其異母弟夷吾奚齊皆諸戎所出；文公自娶狄女季隗，以叔隗妻趙衰、生盾。當時民間夷夏雜婚情況何如，雖不可知，然貴族中則既有顯證，此亦同化力猛進之一原因也。

第六章　階級制度與興替狀況

階級制度，實人類文化初開時代所不能免。其成立之早晚與消滅之遲速，「雖半由環境所決盪，而民族思想根柢亦與有力焉。春秋前奴隸制度之痕跡，見於諸經者甚少。詩經似一無可考；易經書經有「童僕」「臣妾」等字，玩文當爲奴隸（註一〇）。此外最奇異者，爲春秋時楚芋尹無宇之言。曰：『天有十日，人有十等；……王臣公，公臣大夫，大夫臣士，士臣皁，皁臣輿，輿臣隸，隸臣僚，僚臣僕，僕臣臺。』（左昭十）其言若可信，則古代階級可謂極複雜。雖然，其界限並不嚴。其地位移易似甚易。『斐豹、隸也，著在丹書。』焚書卽可儕於齊民。（左襄二十三）鮑文子，齊之執政也，嘗爲隸於魯施氏（左定八）。晉貴族「欒郤、胥原、狐續、慶伯、降在皁隷。』（左昭三）由此觀之，所謂臣僕皁隷者，其性質與古代希臘諸國之奴隷，及近代美之黑奴、俄之農隷等似有別，蓋身分並不如彼等之固定也（註一一）。

我國古代奴隷制度何故不發達耶？其根本蓋緣人類平等的理想入人甚深，固無待言，然亦事實上有自然的裁制焉。我國文化發生於大平原，而生計託命於農業。無論在部落時代、封建時代，各國皆以地廣人稀爲病，競思徠他國之民以自實。觀孟子梁惠王篇，商君書徠民篇等，便知其概（註一二）。戰國且然，況在前此民如見虐，則『逝將去汝，適彼樂國。』（詩碩鼠文）此當時爲政者所甚恐也。噢咻其民，勿使生心，實各國政府保持勢力之第一義。政治所以常顧慮人民利益，蓋由於此。而民皆以農爲業，受一廛爲氓，自耕而自食之，此種經濟組織之下，自然不適於奴隷之發育。與歐洲古代國家發源於地狹人稠之市府者，本異其撰也。

若夫貴族平民兩階級，在春秋初期以前，蓋劃然不相踰。百姓與民對舉，大夫士與庶人對舉，君子與小人對舉，經傳中更僕難數。乃至有『禮不下庶人，刑不上大夫。』（曲禮）等語，似並法律上身分亦不平等，關於此方面眞相如何，雖未敢確答，要之政權恆在少數貴族之手，則徵之左傳中所記諸國情事，甚爲明白。（註一三）蓋封建與宗法兩制度實行之結果，必至如是也。雖然，此局至孔子出生前後，已次第動搖。『陪臣執國命，』（論語文）各國所在多有。如齊之陳氏，本羈旅之臣，卒專齊政而有齊國。卽以孔子論，彼明言『吾少也賤，』嘗爲委吏乘田，蓋「庶人在官者」之流亞耳。然其後固又爲魯司寇參大政，然則政權並非由某種固定階級永遠壟斷，在春秋中葉已然。

貴族政治之完全消滅，在春秋以後。其促成之者，孔墨諸哲學說與有力焉。說詳次篇，茲不先述。然而環境之孕育此變化，實匪伊朝夕。其主要原因，則在智識之散布下逮。封建初期，政治教育與政治經驗，皆少數貴族所專有。一般平民，既無了解政治之能力，復無參加政治之欲望；及其末期，則平民之量日增，而其質亦漸變。第一、小宗五世則遷，遷後便與平民等，故平民中含有公族血統者日益加多。第二、當時貴族平民，互相通婚，(註一四)故實際上兩階級界限頗難嚴辨。第三、各國因政變之結果，貴族降爲平民者甚多。例如前文所舉『欒郤胥原，降在皁隸。』第四、外國移住民，多貴族之裔。例如孔子之祖、孔父，在宋爲貴族；而孔子在魯爲平民。此等新平民，其數量加增之速率，遠過於貴族。而其智識亦不在貴族之下，此貴族政治不能永久維持之最大原因也。

貴平兩級之混合，在用語變遷上最能表明之。古者貴族稱百姓，賤族稱民(註一五)。兩語區別甚嚴，其後則漸用於同一意義。而大率以民字爲其代表。古者君子小人，爲身分上對待語。君子指貴族，含有「少主人」的意味。小人蓋謂人中之低微者，其後意義全變。兩語區別，不以階級的身分爲標準，而以道德的品格爲標準。凡此皆平民階級擴大且向上之結果。致固有之階級觀念，漸次澌滅，而萬人平等的民本觀念乃起而代之也。

第七章 法律之起源及觀念

在氏族及封建的組織之下，所以維繫團體者，全恃情誼及習慣，無取規規焉以法律條章相約束。以法治國的觀念，至戰國而始成立，古無有也。古代所謂法，殆與刑罰同一意義。法本字作灋，說文云：

『灋、刑也。平之如水，从水。廌所以觸不直者去之，从廌去。』

易象傳云：

『利用刑人，以正法也。』（蒙卦）

蓋初民社會之政治，除祭祀鬪爭以外，最要者便是訟獄。而古代所有權制度未確立，婚姻從其習慣，故所謂民事訴訟者殆甚稀，有訟皆刑事也。對於破壞社會秩序者，用威力加以制裁，卽法之所由起也。最初時並無律文以定曲直標準，惟取決於無意識之事物、『廌觸不直』一類之折獄法。至今澳非等洲之蠻人猶用之。我國古代，殆亦如是。

我國刑法之最初起原不可深考。據書呂刑云：

『苗民弗用靈，制以刑，惟作五虐之刑，曰法。』

似刑法實苗族所自創，而我族襲用之。我族之用此刑，其初亦專以待異族。所謂『報虐以威』也（呂刑文）。刑官最古者推皋陶，而舜命皋陶則云：

『蠻夷猾夏，寇賊姦宄，汝作士，五刑有服。……』（書舜典）

是刑官全爲對蠻夷而設，故春秋時倉葛猶曰：

『德以柔中國，刑以威四夷。』（左僖二十五）

然則刑不施之於本國住民矣，其後亦以施諸住民中之特種階級（註一六），所謂：

『禮不下庶人，刑不上大夫。』（曲禮）

以今世思想繩之，凡曾任顯宦者，卽不受刑律制裁，寧非異事？殊不知部落時代之刑律，專爲所謂「庶人」之一階級而設，而「庶人」大率皆異族也。故刑不上大夫，與刑以威四夷，其義實一貫。然則古代對於貴族，更無制裁之法乎？曰有之，放逐是已。凡認其人爲妨害本社會秩序者，則屏諸社會以外。舜典稱：『流共工、放驩兜，……而天下咸服。』所謂『投諸四裔以禦魑魅。』（左傳文）『屏諸四夷，不與同中國』（大學文）也。此與希臘之貝殼投票制頗相類。直至春秋時，此制猶留痕跡。魯臧孫紇得罪，魯人將盟臧氏，季孫召外史掌惡臣而問盟首，歷述盟東門氏、盟叔孫氏、先例如何如何（左襄二十三）。此種「盟」法，卽聲其罪而放流之。蓋古代遺影也。

古代兵刑不分，作士之皋陶，其職在防蠻夷猾夏，蓋含有以武禦暴之意。故後世刑官之掌，猶名曰「司寇」。國語記臧文仲之言曰：

『大刑用甲兵，中刑用刀鋸，薄刑用鞭扑。』（魯語上）

以用甲兵爲刑罰之一種，即『刑威四夷』之確詁也。易爻辭云：

『師出以律。』（師卦）

「律」字含有法律的意義，自此文始。而其物實首用之於師旅，蓋刑也、法也、律也，其初本以對異族或特種階級而已。在團體中之基本團體員（所謂貴族）以情誼相結合者，良無需乎此。及至用兵之際，專恃情誼，不足以帥眾，不能不爲律以肅之。史記律志、漢書刑法志、其發端皆極言兵事之不可以已。驟讀之若與本題渺不相屬，而不知此兩事之在古代，其觀念本同一也。降及後世，一面種族及階級之界限漸混，前此制裁特種人所用之工具，次第適用於一般人；一面團體內事故日繁，前此偶然一用之手段，寖假而時時用之，此則法律之應用所由日廣也。法律條文之制定自何時始耶？舜典雖有五刑之文，不過就施罰方法分類，法文無徵也。晉叔向云：

『夏有亂政而作禹刑，商有亂政而作湯刑，周有亂政而作九刑，三辟之作，皆叔世也。』（左昭六）

據此則夏商周皆有制定刑律之事。逸周書云：

『維四年孟夏，……王命大正正刑書，……大史筴刑書九篇，以升授大正。』（嘗麥）魯大史克云：

『先君周公作誓命曰：「毀則（訓法）爲賊，掩賊爲藏，竊賄爲盜，竊器爲姦。」……有常無赦，在九刑而不忘。』（左文十八）

綜此諸文，似周確有刑書其物者，成於周公時代。其書篇數爲九，且原書至春秋猶存，士大夫多能誦習之。後此儒家，盛言文武周公以禮治國，衡諸往故，殆未必然。觀逸周書世俘篇，則周初之果於殺戮實可驚。卽云其言難盡信，然書經中康誥、酒誥等篇言刑事綦詳，可見其視之甚重。酒誥云：『厥或告曰：「羣飲」，汝勿佚，盡執拘以歸於周，予其殺。』飲酒細故而科死罪，倘所謂『刑亂國用重典』耶？費誓爲周公子伯禽所作，全篇百七十餘字，而『汝則有常刑、有大刑、有無餘刑』之文凡五見，是魯開國時，刑律抑甚嚴矣。雖然，周公對於刑罰，固以教化主義爲其精神，其言曰：

『人有小罪，非眚，乃惟終。自作不典，式爾。有厥罪小，乃不可不殺。乃有大罪，非終。乃惟眚災適爾。旣道極厥辜，時乃不可殺。』（康誥）

又曰：

『……勿庸殺之，姑惟敎之，有斯明享。乃不用我敎辭，惟我一人弗恤，弗蠲乃事，時同于殺。』（酒誥）

釋此諸文，可知當時所謂『義刑義殺』者（康誥文），意不在償懲而在感革。故積極的倫理觀念，視消極的保安觀念爲尤重。故又云：

『元惡大憝，矧惟不孝不友。子弗祇服厥父事，大傷厥考心。于父不能字厥子，乃疾厥子。于弟弗念天顯，乃弗克恭厥兄，兄亦不念鞠子哀，大不友于弟。惟弔茲，不于我政人得罪。天惟與我民彝大泯亂。曰：乃其速由文王作罰，刑茲無赦。』（康誥）

似此，吾名之曰禮刑一致的觀念。刑罰以助成倫理的義務之實踐爲目的，其動機在敎化，此實法律觀念之一大進步也（註一七）。尤當注意者，其所謂倫理，乃對等的而非片面的。父兄之於子弟，其道德責任，一如子弟之於父兄，此又法律平等之見端矣。此後刑律之見於經傳者，如周穆王有呂刑，其中一部分殆近於條文。齊有軌里連鄉之法，晉有被廬之法，楚有茅門之法，僕區之法，今皆傳其名。其餘各國類此者當甚多。至春秋末葉，始漸有成文法公布之舉，而疑議亦蠭起。鄭子產鑄刑書，叔向規之（左昭六）。晉趙鞅賦民一鼓鐵以鑄刑鼎，孔子歎焉（左昭二十九）。且亦有以私人而製刑法草案者，故鄭駟歂殺鄧析而用其竹刑（左定九）。自茲以往，禮治法治之爭嘩然矣。

第八章　經濟狀況之部分的推想

自虞夏至春秋，閱時千六七百年，其間社會物質上之嬗變，不知凡幾。三代各異其都，至春秋而文物分化發展。所被幅員，比今十省。各地民俗物宜不齊，欲將千餘年時間萬餘里空間之一切經濟狀況概括敍述，談何容易！本論所云，不敢云徧，一部分而已；不敢云眞，推想而已。

吾儕所最欲知者，古代田制——或關於應用土地之習慣——變遷之跡何如。凡社會在獵牧時代，其土地必爲全部落人所公有。如現在蒙古青海皆以「某盟某旗牧地」爲區域名稱，卽其遺影也。蓋獵牧非廣場不可，故地只能公用而無所謂私有。及初進爲農耕時，則亦因其舊，以可耕之地爲全族共同產業。詩周頌云：

『貽我來牟，帝命率育，無此疆爾界。』（思文）

此詩歌頌后稷功德，言上帝所賜之麥種，普徧播殖，無彼我疆界之分，最古之土地制度蓋如是（註一九）。其後部落漸進爲國家，則將此觀念擴大，認土地爲國有。故曰：『普天之下，莫非王土。』（詩北山）此種國有土地，人民以何種形式使用之耶？據孟子云：

『夏后氏五十而貢，殷人七十而助，周人百畝而徹。』（滕文公上）

孟子所說，是否爲歷史上之事實，雖未敢盡信，但吾儕所能以情理揣度者，一、農耕既興以後，農民對於土地所下之勞力，恆希望其繼續報酬，故不能如獵牧時代土地之純屬公用，必須劃出某處面積屬於某人，或某家之使用權。二、當時地廣人稀，有能耕之人，則必有可耕之田。故每人或每家有專用之田五七十畝乃至百畝，其事爲可能。三、古代部落，各因其俗宜以自然發展，制度斷不能劃一。夏殷周三國，各千年世長其土，自應有其各異之田制。以此三事，故吾認孟子之說爲比較的可信，卽根據之以研究此三種田制之內容何如。

一、貢。貢者，人民使用此土地，而將土地所產之利益，輸納其一部分於公家也。據孟子所說，則其特色在『校數歲之中以爲常，』而立一定額焉。據禹貢所記，則其所納農產品之種類，亦因地而殊。所謂『百里賦納總，二百里納銍，三百里納秸服，四百里粟，五百里米，』是也。禹貢又將「田」與「賦」各分爲九等，而規定其稅率高下。孟子所謂「貢制，」殆兼指此。但此種課稅法，似須土地所有權確立以後始能發生，是否爲夏禹時代所曾行，吾不敢言。所敢言者，孟子以前，必已有某時代某國家曾用此制耳。

二、助。孟子釋助字之義云：『助者藉也。』其述助制云：『方里而井，井九百畝，其中爲公田，八家皆私百畝，同養公田。』此或是孟子理想的制度，古代未必能如此整齊畫一。且其制度是否確爲殷代所曾行，是否確爲殷代所專有，皆不可知。要之古代各種複雜紛歧之土地習慣中，必曾有一種焉。在各區耕地面積內，劃出一部分爲「公田，」而藉借人民之力以耕之。此種組織，名之爲助，有公田則助之特色也。公田對私田而言，夏小正云（註二〇）：『初服于公田；』詩云：『雨我公田，遂及我私。』（大田）據此則公田之制，爲商周間人所習見而共曉矣。土地一部分充公家使用，一部分充私家使用，私人即以助耕公田之勞力代租稅，則助之義也。

三、徹。詩『徹田爲糧，』（公劉）所詠爲公劉時事，似周人當夏商時已行徹制。徹法如何，孟子無說，但彼又言『文王治岐，耕者九一。』意謂耕者之所入九分而取其一。殆卽所謂徹也。孟子此言，當非杜撰。蓋徹論語所記：『哀公問有若曰：「年饑用不足，如之何？」有若對曰：「盍徹乎。」公曰：「二吾猶不足，如之何其徹也？」……』可見徹確爲九分，或十分而取其一。魯哀公時已倍取之，故曰『二吾猶不足，』二對一言也。觀哀公有若問答之直捷，可知徹制之內容，在春秋時尙人人能了，今則書闕有間，其與貢助不同之點安在，竟無從知之。國語記：『季康子欲以田賦，使冉有訪諸仲尼，仲尼不對。私於冉有曰：「……先王制土，藉田以力，而砥其遠近。……若子季孫欲其法也，則有周公之籍矣。」……』（魯語）藉田以力則似助，砥其遠近則似貢，此所說若卽徹法，則似貢助混合之制也。此法周人在邠岐時，蓋習行之。其克商有天下之後，是否繼續，吾未敢言。

據此種極貧乏且蒙混之史料以從事推論，大抵三代之時，原則上土地所有權屬於國家，而使用權則耕者享之。國家對於耕者，徵輸其地方所產什之一或九之一，此所徵者，純屬公法上之義務，而非私法上之酬償。除國家外，無論何人，對於土地，只能使用，不能「所有」也。然而使用權享之既久，則其性質亦漸與所有權逼近矣。故謂古代凡能耕之民，卽能「所有」其土地使用權，亦無不可。換言之，則謂土地私有制在事實上已成立，亦無不可。惟使用權是否可以買賣，史籍中無明文可考，在此事未得確證以前，未可遽認私有制爲完全存在也（註二二）。

其後土地私有制又換一方向以發展焉。夫所謂『普天之下，莫非王土』者，本屬公權的意味。質言之，則土地國有而已。雖然，事實上既以君主代表國家，君與國易混爲一談，寖假而公權私權之觀念亦混。於是發生一種畸形的思想，認土地爲天子所有，天子既「所有」此土地，卽可以自由賜予與人，故用封建的形式，『錫土姓』（書禹貢文），『錫之山川，土田附庸。』（詩閟宮文）是卽天子將其土地所有權移轉於諸侯也。諸侯既「所有」此土地，又得自由以轉賜其所親暱，故卿大夫有「采地」，有「食邑」（註二二）。——此種事實，左傳國語及其他古籍中記載極詳，今不枚舉。——是卽土地所有權移轉於諸國之臣下也，於此有極當注意者一事焉，卽此所謂移轉者，實爲所有權，而非使用權。蓋所有此土地之人，並非耕用此土地之人也。以吾所推度，土地私有制蓋與封建制駢進。最遲到西周末春秋初，蓋已承認私有爲原則。詩曰：『人有土田，女反有之。』（瞻卬）「人有」者，謂吾本有此土田之使用權也；「女反有之」者，謂奪吾之使用權，變爲汝之所有權也。至是既無復「王土」之可言矣。

在此種狀態之下，吾儕所亟欲研究者，則前此享有「土地使用權」之農民，其地位今復何如？前此所耕爲「王土」，以公法上之義務輸地力所產之一部分以供國用，於情理爲甚平。今所耕者，什九皆貴族采地也，彼貴族者皆不耕而仰食於農，故詩人譏之曰：『不稼不穡，胡取禾三百廛兮！』（伐檀）農民使用此土地，除國家正供外，尚須出其一大部分以奉田主，於是民殆不堪命。晏嬰述當時齊國人之生活狀況曰：『民參其力，二入於公，而衣食其一。』（左昭三）他國如何，雖史無明文，度亦不相遠。夫農業國家唯一之生產機關在土地，土地利益之分配，偏宕至於此極，此則貴族政治所以不能不崩壞；而社會問題，所以日縈於當時學者之腦，而汲汲謀解決也。

附錄四　春秋『作稅畝』『用田賦』釋義

春秋宣十五年，『初稅畝』。左傳云：『初稅畝，非禮也，穀出不過藉，以豐財也』。公羊傳云：『……譏始履畝而稅也，何譏乎始履畝而稅，古者什一而藉。……』後儒多解初稅畝爲初壞井田，似是而實非也。古代之課於田者，皆以其地力所產比例而課之，無論田之井不井皆如是，除此外別無課也。稅畝者，除課地力所產外，又增一稅目，以課地之本身，——即英語所謂 Land Tax，不管有無所產，專以畝爲計算單位，有一畝稅一畝，故曰履畝而稅。魯國當時何故行此制，以吾度之，蓋前此所課地力產品以供國用者，今地既變爲私人食邑，此部分之收入，已爲「食」之者所得。食邑愈多，國家收入愈蝕，乃別立履畝而稅之一稅源以補之。自「稅畝」以後，農民乃由一重負擔而變爲兩重負擔，是以春秋譏之也。

春秋哀十二年，『用田賦』，後儒或又以爲破壞井田之始。井田有無且勿論，藉如彼輩說，宣十五年已破壞矣，又何物再供數十年後之破壞！今置是說。專言「稅畝」與「田賦」之區別。賦者，『出車徒、供繇役』。即孟子所謂『力役之征』也。初時爲本屬人的課稅，其性質略如漢之「口算」。唐宋以來之「丁役」，哀公時之用田賦，殆將此項課稅加徵於田畝中，略如清初「一條鞭」之制，此制行，而田乃有三重負擔矣，此民之所以日困也。

復次，吾儕所甚欲知者，古代商業狀況何如？皋陶謨有『懋遷有無化居』語，似商業在唐虞時已發達。雖然，吾前已屢言，虞夏書爲春秋前後人追述，未可遽據爲史實。以情理度之，夏禹以前，當爲部落共產時代，未必有商業之可言。酒誥云：『肇牽車牛遠服賈，用孝養厥父母。』羣經中明言商業者，似以此爲最古，據此則商周間已頗盛矣。詩經『氓之蚩蚩，抱布貿絲；』（氓）『如賈三倍；』（瞻卬）皆足爲春秋前商業漸展之證。春秋中葉以後，鄭商人弦高出其貨品以紓國難。（左僖三十三）鄭子產又言其國君與商人世有盟誓，（左昭十六）則商人地位似甚高。（註二三）孔子稱子貢『不受命而貨殖焉。』（論語）史記稱『子貢廢著鬻財於曹魯之間。』『范蠡治產積居與時逐，……三致千金。』（貨殖傳）皆春秋末年事。因此吾輩可以大概推定，春秋時商業蓋與農業駢進，但各地狀況不同，彼地狹人稠之鄭國，發達當最早，其餘或仍有甚微微者。

於此最當注意者，則貨幣起原及變遷之跡何如？詳言之，則商業何時由實物交易進爲貨幣交易耶？貨幣何時始用金屬鑄造，且有一定重量耶？此問題甚重要，因資本制度之發生，其基礎在此也。

繫辭傳稱，『日中爲市，致天下之民，聚天下之貨，交易而退，各得其所』。孟子稱：『古之爲市者，以其所有，易其所無，有司者治之耳。』此所記未知爲確指何時之制度，但實物交易之習慣，直至漢時猶甚盛行，則古代更可想。古代最初之貨幣爲貝殼，故凡關於財貨之字皆从貝。五貝排貫，名之曰「朋」。易爻辭言『喪貝』，言『十朋之龜』，詩言『錫我百朋』，鐘鼎文中記『王賜貝』者頗多，間有記所賜之數者，大率五朋十朋，可見貝在古代極爲貴重。貝產水濱，可想見最初之貨幣交易，起於黃河下游入海各地。其後應用漸廣，而實貝不給，則有用他物仿製者。近頃在彰德附近之古殷墟發見骨製之貝，人造貨幣現存者，當以此爲最古。其後漸以銅仿製。俗所稱蟻鼻錢，卽銅貝也，是爲金屬貨幣之始。再進則以銅仿製爲刀形，爲農器形。爲刀形者，今錢譜家所謂刀幣也。(註二四) 爲農器形者，彼輩所稱「方足布」、「尖足布」等皆是。此物在古代謂之「錢」，不謂之「布」，錢譜家陋耳。(註二五) 詩『庤乃錢鎛，』「錢」爲小農器，如今之鋤或鏟，方尖足布卽仿其式。此類之貨幣，皆由實物交易一轉手。當人類發明用銅之後，社會最貴重者，卽爲銅製之刀及農具，常以他種實物如牲畜穀米布帛之類與之交換。其後漸用之爲價值公準，於是仿其形而縮小之，以爲代表，則一定重量之金屬貨幣所由起也。刀及錢皆仿縮原物，而上加一環，穿孔以便貫串。用之既久，其工準爲社會所公認，則並其刀與錢(農器)之原形而去之，僅留一圓環，其後更將環之內孔易圓爲方，使與「外圓內方」之道德觀念結合，則後世「制錢」之所由成立也。

　　後世言圜法者，盛稱太公、管子。錢幣之興，濫觴齊境，或不失爲一種史實。雖然，吾細讀左傳，覺其時用金屬貨幣之痕跡甚少，間有一二，亦末葉(昭定哀時)事耳。因此吾欲假定春秋中葉以前之商業狀況，仍以實物交易爲原則。吾所以斷斷考證此事者，因貨幣未通用以前，資本儲藏之量，勢不能爲無制限的擴張，此於經濟社會組織之變遷，其所關最鉅也。

貸資取息之行爲，在春秋時當然已有。但此種行爲，似仍以實物借貸行之。齊晏嬰述陳氏專齊之政策，謂：『以家量貸，而以公量收之。』(左昭三)謂貸民以粟，而貸出時與收回時所用之斗量異也。使貨幣已盛行，借貸者必不復爲此笨滯之舉。晏子與孔子同時，齊又爲用幣最早之國，而當時狀況猶如是，故可假定爲終春秋之世，資本制度未能成立也。

附註

註一 楚語所述，謂少昊前制度如此，少昊時九黎亂德，破壞此制，顓頊修復之。其後三苗又破壞此制，堯修復之云云。雖屬神話，然古代我族與苗族之爭，實含有宗教戰爭的意味，可於此略窺消息也。

註二 尙書洪範鄭康成注云：『洪範、大典也。』以今語釋之，即宇宙大法則的意味。古籍中有系統的哲理譚，此篇爲最古者之一。

註三 臯陶謨爲今文二十八篇之一。其爲孔子以前之眞經固無問題。然吾輩頗疑所謂虞夏書者，實周以後所追述。玆事吾將別有論列，故此所引者，應認爲商周間一種進步的思想。

註四 公羊傳云『謂爲天之子也可，謂爲母之子也可，尊者取尊稱焉，卑者取卑稱焉。』此謂人人皆天之子，而王者以尊故專用此名表之云爾，此可爲召誥元子義之注脚。

註五 晏嬰叔向語見左傳昭三年；子家語見昭二十五年。

註六 國語稱『自幕至于瞽瞍無違命。』可見帝舜之禪宗本爲一部落之長。尙書稱『虞賓在位』，山海經稱帝丹朱，可見帝堯遜位後，其子孫仍爲一部落之長。其他如商周部落等，在虞夏時久已存在，史文可徵，皆非由封建也。皋陶謨『外薄四海，咸建五長。』禹貢『錫土姓』等語。孟子言舜封弟象於有庳等事，蓋後儒以周制比論，不能認爲史實。

註七　荀子儒效篇稱：周兼制天下，立七十一國，姬姓居五十三。左傳昭二十八年稱：武王兄弟之國十有五，姬姓之國四十，呂覽觀世篇稱：周所封四百餘，服國八百餘。史記十二諸侯年表稱：武王成康所封數百，而同姓五十五國。

註八　魯頌閟宮云：『錫之山川土田附庸』。任宿、須句、顓臾，皆魯之附庸也。

註九　古書言諸服之制，尚書大傳稱周公攝政四年，建侯衞。酒誥康王之誥，皆言侯甸男衞。康誥稱侯甸、男衞、邦伯。周語稱甸服、侯服、賓服、要服、荒服。周官更有六服、大服等異名，吾略推定爲四種。

註一〇　易旅卦『喪其童僕，』『得童僕；』小畜卦『畜臣妾吉；』書微子『我罔爲臣僕；』費誓『臣妾逋逃；』吾所記二經中近於奴隸意義之文字僅此。

註一一　周官有蠻隸、閩隸、夷隸、貉隸等名，似是以敵國俘虜充奴隸。然春秋似無此惡習，古代有否未敢斷。

註一二　梁惠王篇：『鄰國之民不加少，寡人之民不加多何也？』又『耕者皆欲耕於王之野，商賈皆欲藏於王之市。』徠民篇：『吾欲徠三晉之民，爲之有道乎？』此戰國時各國競欲以人爲的政策增加人口之實例。

註一三　始終未行貴族政治者，惟一秦國耳。

註一四　周襄王以陽樊賜晉文公，陽樊人不服，晉圍之，倉葛呼曰：『此誰非王之親姻，其俘之也。』（左僖二十六）此外互婚之跡，傳中可考尚多。

註一五　周語富辰曰：『百姓兆民，』韋注：『百姓、百官也。官有世功，受氏姓也。』書堯典：『平章百姓。』鄭注：『百姓，羣臣之父子兄弟。』此百姓之正訓，指貴族也。書呂刑：『苗民勿用靈。』鄭注：『苗族三生凶惡，故謂之民。民者、冥也，言未見仁道。』此民字之正訓，指異族或卑族也。

左僖十五：『小人慼，謂之不免。君子恕，以爲必歸。』僖二十六：『小人恐矣，君子則否。』君子指士大夫，小人指一般平民，經傳中類此者甚多。

註一六　前所舉舜典，舜命皋陶云云，其上文尚有命契一段云：『百姓不親，五品不遜，汝作司徒，敬敷五教。』百姓卽貴族大夫，五教施諸百姓，與五刑施諸蠻夷正相對。

註一七　周官司救云：『掌萬民之衺惡過失而誅讓之，以禮防禁而救之。……凡民之有衺惡者，三讓而三罰，……恥諸嘉石，役諸司空。』大司寇云：『凡萬民之有罪過而未麗于法者，……桎梏而坐諸嘉石，役于司空。』周官雖非周公書，然此所言感化主義的刑罰，其精神恐當傳自周初。

註一八　周官稱『懸法象魏』之文甚多，蓋戰國以後理想的制度耳。

註一九　詩云：『無此疆爾界，』是則作詩時必已有彼我疆界，故追念古蹟而重言其特色也。此詩假定爲周成康時作，則其時土地私有權當已成立。

註二〇　夏小正所記天體現象，經學者考定爲西紀前一千年中國北方所見者，故其書當爲商周之際之著作。

註二一　曲禮言：『田里不鬻。』似土地不能買賣，然又言：『獻田宅者操書致』；則是有地契矣。要之戴記所述多秦漢時之事實，或其時學者之理想，未可遽據以論定古制。

註二二　漢後儒者，喜談封建井田，輒謂此兩制同時並行。不知井田爲土地國有制，而此制與封建制下之食邑采地實不相容也。

註二三　昭十六傳記晉韓起市環於鄭商，子產曰：『昔我先君桓公與商人皆出自周，……世有盟誓以相信也。曰：「爾無我叛，我無強賈，……恃此質誓，故能相保以至於今。」……』據此可推想當時政府對於商人之態度何如。

註二四　吾舊著「春秋時貨幣種類及流通狀況考」曾登載新民叢報，今意見變遷甚多，然所蒐資料，尚有一部分可用。

註二五　錢譜家動稱某種古錢爲少昊時代物，爲虞夏贖刑所用物，爲太公圜法，爲周景王大錢，其實皆以意附會耳。古錢流傳至今者，恐無戰國以前物。茲事吾當著專篇考之，本書非經濟史，不能詳及也。

本論

第一章 時代背景及思潮淵源

我國大思想家之出現，實在西紀前五三〇至二三〇之三百年間，吾命之曰全盛時代。前論所紀之種種斷片的思想與制度，不過爲本時代之先驅而已。本時代爲文化發育最高之時，距後此正史成立年代亦較近，宜若有更完備翔實之史料可供羣索。然而不然。前乎此者尚有國語、左傳兩書，吾儕得據之以察見春秋時國勢民情之大概。自魯哀十八年（前四七七）至周威烈王二十三年（前四〇三）七十餘年間，史籍殆無片紙。後此約二百年間，雖有戰國策一書，然年月不具，且詞多夸誕，難可憑信。此蓋由秦始皇盡燔諸侯史記，致史家資糧，觳薄至此。此時代全社會之變化，至迅且劇，所以能孕育種種瑰偉思想者，半由於此。吾深感有詳寫背景之必要，爲資料及本

書篇幅所限，僅略分前後兩半期，從政治、社會、學問三方簡述崖略云爾。（前半期指本時代之前一百年後半期指後二百年）

甲、政治方面

一、封建制度，在前半期已屆末運，並霸政亦衰熄，兼並盛行，存者殆不及二十國。至後半期遂僅七國並立，最後以至混一。

二、貴族政治，與封建同其命運。強族篡國，摧殘餘宗。內中惟秦國自春秋以來，始終未用貴族，卒以此致盛強，故各國爭效之。入後半期而特種階級完全消滅，所謂「世卿」者已無復痕跡，純為布衣卿相之局。

三、經前此數百年之休養交通，境內諸民族同化已熟，疇昔所謂夷狄——如秦、楚、吳、越等，悉混成於諸夏。其境上之異族——卽後此之匈奴、東胡等，悉攘逐於徼外。

四、各國境宇日恢，民眾日雜，前此之禮文習慣，不足以維繫，故競務修明法度，以整齊畫一其民。

五、既無貴族，則權集於一，成為君主獨裁政體，而權威之濫用，勢所難免。

六、後半期約二百年間為長期戰爭。各方面交起，因兵數增加、兵器及戰術進步之故，戰禍直接間接所被極烈。

乙、社會經濟方面

一、各國幅員既廣，又統於一尊，於是大都會發生。如秦咸陽、齊臨淄、趙邯鄲、魏大梁……之類，爲政治、商業、文化一切之中心。其氣象之博大，爲前此所無（註一）。亦因人民競趨都市生活之故，前此宗法組織、農村組織等益不能維持。

二、交通大開，貨幣盛行，經濟重心，由農業趨於工商業。如猗頓之以盬鹽，郭縱之以冶鐵，烏氏倮之以畜牧，寡婦清之以穴礦，皆起氓庶與王者埒富（史記貨殖傳）。而呂不韋以陽翟大賈，乃能運陰謀廢置國王，執持國柄（史記本傳），蓋貴族仆而富閥代興，其勢力乃至侵入政治，實開前史未有之局。

三、前此農業時代，奴隸甚少，即有之，其待遇殆與家族之一員無異（註二）。及工商的資本階級發生，其力足以廣畜奴僕而資其勞作以自封殖。而當時征斂煩苛，農業荒廢之結果，農夫失業，迫而自鬻，於是新奴隸階級起，史稱白圭（孟子同時人）「與用事僮僕同苦樂」以爲美談（史記貨殖傳），則僮僕苦樂不與齊民同者久矣。

丙、學術方面

一、前此貴族階級即爲智識階級，自貴族消滅後，如前篇所說，平民之量與質同時增上，於是智識下逮普及，純帶朝氣以瀰漫於社會。

二、前此教育爲學官掌之，舍官府外無學問。至孔子開私人講學之風，墨子繼之（註三），其宗旨又在『有教無類』，故智識平均發展之速率益增。

三、列國並立互競，務延攬人才以自佐。如秦孝公、齊威王、宣王、梁惠王、燕昭王，乃至孟嘗、平原、春申、信陵之四公子，咸以「禮賢下士」相尚，而「處士」聲價日益重，而士之爭自濯磨者亦日眾。

四、大師之門『從者恆數百』（孟子文）。而大都會尤爲人文所萃。如『齊稷下常聚數萬人，或賜列第爲大夫，不治而議論。』（史記田完世家文）他國殆亦稱是，智識交換之機會多，思想當然猛進。

五、當時書籍傳寫方法，似甚發達，故『蘇秦發書，陳篋數十；』（秦策文）『墨子南遊，載書甚多。』（墨子貴義篇文）可見書籍已甚流行，私人藏儲，頗便且富。既晕究有資，且相觀而善，足以促成學術勃興之機運。以上五事，就物的基件說，更有心的基件。

六、社會變遷太劇，刺戟人類心理之驚詫及疑悶，而亟求所以解決慰藉之方。故賢智之士，自能晝出種種方案，以應當世之要求。

七、自周初以來，文化經數百年之蓄積醞釀，根柢本極深厚；加以當時政治上社會上以前述之種種關係，思想完全解放，兩者機緣湊泊，故學術光華，超軼前後。

綜以上三方面十六事觀之，則當時社會狀況及政治思想所以全盛之故，大略可覩矣。今將此時代三百年間政況之變遷，及政治思想界主要人物出生年代，列表如左。

三百年間政況及政治思想界主要人物年代表

年代	大事	大思想家及大政治家
前532 景王十四至敬王三十八	魯三家專政齊田氏專政晉六卿專政 楚滅陳蔡　鄭滅許　宋滅曹 吳楚吳越交兵 春秋告終	子產 鄧析 孔子（前五五二生四七九卒） 計然
前482 敬王三十九至考王九	越滅吳　楚滅蔡滅杞 周分東西 韓趙魏滅智氏　晉政歸三家 戰國開始	老子（？） 關尹（？） 墨子（前四七〇至三八〇？）
前432 考王十至安王二十	韓趙魏分晉 田氏簒齊 楚滅莒　韓滅鄭 齊屢伐魯殆滅之 天下分為秦楚燕齊韓趙魏七國 秦魏屢交兵	李悝（前四二四至三八七？） 楊朱（？） 尸佼
前382 安王廿一至顯王三十七	秦孝公用商鞅變法驟強 魏屢敗於秦徙都大梁 齊威王驟強招天下游士集稷下 楚滅越益強 七國相王 韓趙魏屢相攻	申不害（前三三七卒） 商鞅（前三三八卒） 孟子（前三七二至二八九？）
前332 顯王三十八至赧王三十三	蘇秦張儀等合縱連橫 燕齊相攻 秦滅蜀屢伐楚蹙其國之半屢伐韓幾滅之 趙武靈王略取胡地	宋鈃　尹文 彭蒙　田駢　慎到 許行　陳仲 白圭 鄒衍 莊子（前三三五至二七五？） 惠施 公孫龍
前282 赧王三十四至秦始皇十五	韓魏服於秦 秦趙交兵　燕趙交兵　燕齊交兵 秦滅六國	荀子（前三一〇至二三〇？） 韓非（前二三三卒） 李斯（前二〇八卒）
前232		

第二章 政治思想四大潮流及研究資料

春秋戰國間學派繁茁，秦漢後，或概括稱爲百家語；或從學說內容分析，區爲六家、爲九流。其實卓然自樹壁壘者，儒墨道法四家而已。其餘異軍特起，略可就其偏近之處附庸四家。四家末流，雖亦交光互影，然自各有其立脚點所在。故今惟以四家爲一期思想之主幹。

四家思想之內容，當於次章以下分別詳述。惟欲令學者先得一概念以爲研究之準備，故先以極簡單之辭句敍說如下：

一、道家。信自然力萬能，而且至善；以爲一涉人工，便損自然之樸。故其政治論，建設於絕對的自由理想之上。極力排斥干涉，結果謂並政府而不必要。吾名之曰「無治主義」。

二、儒家。謂社會由人類同情心所結合，而同情心以各人本身最近之環圈爲出發點。順等差以漸推及遠，故欲建設倫理的政治。以各人分內的互讓及協作，使同情心於可能的範圍內盡量發展。求相對的自由與相對的平等之實現及調和。又以爲良好的政治，須建設於良好的民衆基礎之上，而民衆之本質，要從物質、精神兩方面不斷的保育，方能向上。故結果殆將政治與教育同視，而於經濟上之分配亦甚注意。吾名之曰「人治主義」，或「德治主義」，或「禮治主義」。

三、墨家。其注重同情心與儒家同，惟不認遠近差等。其意欲使人人各撤去自身的立脚點，同歸依於一超越的最高主宰者（天）。其政治論建設於絕對的平等理想之上，而自由則絕不承認。結果成爲教會政治，吾名之曰「新天治主義」（對三代前之舊天治主義而言）。

四、法家。其思想以「唯物觀」爲出發點，常注意當時此地之環境，又深信政府萬能，而不承認人類個性之神聖。其政治論主張嚴格的干涉，但干涉須以客觀的「物準」爲工具，而不容主治者以心爲高下。人民惟於法律容許之範圍內，得有自由與平等，吾名之曰「物治主義，」或「法治主義。」

右四段以思想性質爲序，試取譬於歐陸各國國會席次，則道家其極左黨，法家其極右黨，儒家則中央黨，而墨家則中央偏右者也。至其發生及成立年代，則儒家爲傳統的學派，成立最早；道家成立年代大有疑問，然最早亦當在儒家後，遲或竟在墨家後；墨家成立確在儒家後、法家前；法家發生甚早，或竟在儒家前，而成立則在彼三家後。此其大較也。今次論四家之代表人物及其年代與著作。

儒家宗孔子人所共知，孔子生春秋之末，當西紀前五五二至四七九年，世傳其删詩書定禮樂贊易修春秋，但詩書禮皆舊文，樂無文字，易傳是否全出孔子尚有問題，確經孔子手定者惟春秋耳。吾儕研究孔子，不能剋求諸其著述，惟當求諸其弟子及後學所記。所記最醇粹可信者，首推論語，次則易傳，次則公羊氏所傳春秋傳。其二戴禮記各篇，成立年代早晚不同，最晚者實出漢儒手，且純駁亦互見，當分別觀之。要之論語以外各書，若確指爲孔子學說，則尙容商推。若認爲儒家學說，蓋無大過也。儒家至戰國末有二大師：一爲孟子，一爲荀卿。年代具如前表所推定。孟子書有孟子七篇，蓋其門人手記，而大半曾經孟子閱定者。荀卿書有荀子三十二篇，其中或有一小部分爲後人竄亂附益，要亦無踰越畔岸之處，故以此二書及前舉各書貫通研究，便可見儒家思想之全部，及其派分變遷之跡。

道家言宗老莊，人所共知，但老子五千言之著者果爲誰氏，莊子三十三篇之著者果爲何時人，今尙爲學界懸案未決之問題（註四）。舊說大率認五千言之著者，爲孔子所從問禮之老聃。果爾，則其人爲孔子先輩，道家當在儒家前成立。雖然，問老聃著書之說從何出？不外據史記本傳。然史記卽以與太史儋、老萊子，三人並舉，不能確指爲誰。墨子孟子皆好譏評，而未嘗一及老聃，其書中有『失道而後德，失德而後仁，失仁而後義，失義而後禮，』等文，似是難儒家；有『不尙賢，使民不爭，』等文，似是難墨家；有『民不畏死，奈何以死懼之，』等文，似是難法家。以此推之，其書或頗晚出。要之，最早不能在孔子以前；最晚不能在莊子以後也。莊子年代，亦難確考，惟知其與惠施同時，約當孔子百年後。其書眞僞參半，要皆道家言也。楊朱爲道家重要人物，僞列子中曾詳述其學說，雖未敢盡信，然舍此亦更無所資。別有許行一派，蓋道家別出之附庸，其緒論見孟子中。

墨家由墨翟開宗，翟蓋孔子卒後十餘年生，孟子生前十餘年卒。其學說具見墨子五十三篇中。雖間有後人附益，然面目大致可見。其後學有惠施一派，專言名學，與政治較爲緣遠；有宋鈃一派，專弘「非攻」義，爲宣傳墨宗政論一健將。兩派著述皆無傳，其緒論時見於莊、孟、荀諸家書中。

法家成爲一學派時代頗晚。然所謂「法治思想」者，其淵源抑甚古。蓋自「宗法政治」破壞以後，爲政者不能不恃法度以整齊其民，於是大政治家競以此爲務。其在春秋，則管仲、子產、范蠡，其在戰國，則李悝、吳起、申不害、商鞅之流（註五），皆以法治卓著成績。其事業與言論，往往詒影響於社會人心。其在野學者如鄧析、計然之徒，時復以議法文、談法術顯於春秋。逮戰國末年，則愼到、尹文輩益精覈法理；至韓非而集其成，斯則法家之所以蔚爲大國也。今所存諸家書，當以愼子、尹文子、韓非子爲斯學代表。管子、商君書，雖非管仲商鞅所作，然皆戰國末治法家言者之所推演薈集，其價值亦與儒家之戴記埒也。

四家重要之人物及著作大略如右，但猶有一事當注意者，各派末流，交光互影，其性質絕不如初期之單純。故荀卿之言禮，與法家所謂法殆相逼近。韓非爲法家鉅子，而解老、喩老諸篇，蓋粹於道家言。尹文亦法家，而「非攻」說則宗墨者。諸如此類，各家皆然，觀異觀同，是在學者之懸解也已。

今先將四家重要旨趣分別論次，而別舉數問題爲各家所共趣，或互諍者，比較評隲於後，凡二十一章。

第三章 儒家思想（其一）

儒家言道言政，皆植本於「仁」。不先將仁字意義說明，則儒家思想末由理解也。仁者何？以最粗淺之今語釋之，則同情心而已。『樊遲問仁，子曰愛人。』（論語）謂對於人類有同情心也。然人曷爲而有同情心耶？同情心曷爲獨厚於人類耶？孔子曰：

『仁者人也。』（中庸）

此言「仁」之概念與「人」之概念相函。再以今語釋之，則仁者人格之表徵也。故欲知「仁」之爲何，當先知「人」之爲何。「人」何以名？吾儕因知有我，故比知有人。我圓顱而方趾，橫目而睿心，因此凡見有顱趾目心同於我者，知其與我同類。凡屬此一類者，錫予以一「大共名」謂之「人」。人也者，通彼我而始得名者也。彼我通，斯爲仁。故「仁」之字从二人。鄭玄曰：『仁，相人偶也。』（禮記注）非人與人相偶，則「人」之概念不能成立。申言之，若世界上只有一個人，則所謂「人格」者，決無從看出。人格者，以二人以上相互間之「同類意識」而始表現者也。既爾，則亦必二人以上交相依賴，然後人格始能完成。

智的方面所表現者爲同類意識。情的方面所表現者爲同情心。荀子所謂『有知之屬，莫不知愛其類也。』愛類觀念，以消極的形式發動者則謂之恕；以積極的形式發動者謂則之仁。子貢問

一言可以終身行?孔子曰:

『其恕乎。己所不欲,勿施於人。』

於文,如心爲恕,推己度人之謂也。惟有同類意識故可以相推度。吾所不欲者以施諸犬馬,或適爲彼所大欲焉,未可知也。我旣爲人,彼亦爲人,我感受此而覺苦痛,則知彼感受焉而苦痛必同於我。如吾心以度彼,而「勿施」焉,卽同情心之消極的發動也。故孟子曰:

『強恕而行,求仁莫近焉。』

消極的恕,近仁而已;積極的仁,則更有進。孔子曰:

『夫仁者,己欲立而立人,己欲達而達人。能近取譬,可謂仁之方也已。』

譬者比也,以有我比知有彼;以我所欲比知彼所欲;是謂『能近取譬』。近取譬卽「如心」之恕也,然恕與仁復異名者,恕主於推其所不欲,仁主於推其所欲。我現在所欲立之地位,必與我之同類相倚而並立;我將來所欲到達之地位,必與我之同類駢進而共達。何也?人類生活方式,皆以聯帶關係(卽相人偶)行之。非人人共立此地位,則我決無從獨立;非人人共達此地位,則我決無從獨達。「立人達人」者,非立達別人之謂,乃立達人類之謂。彼我合組成人類,故立達彼卽立達人類。立達人類卽立達我也。用「近譬」的方法體驗此理,徹底明了,是謂『仁之方。』手足痲痺,稱爲「不仁」,爲其同在一體之中而彼我痛癢不相省也。二人以上相偶,始能形成人格之統一體,同在此統一體之中而彼我痛癢不相省,斯謂之不仁,反是斯謂仁。是故仁不仁之概念可得而言也。曰：不仁者，同類意識痲木而已矣；仁者，同類意識覺醒而已矣。儒家曷為對於仁之一字如此其重視耶？儒家一切學問，專以「研究人之所以為人者」為其範圍，故孟子曰：

『仁也者，人也，合而言之道也。』

荀子曰：

『道，仁之隆也，……非天之道，非地之道，人之所以道也。』（儒效）

吾儕若離卻人之立脚點，以高談宇宙原理、物質公例，則何所不可。顧儒家所確信者以為『人能弘道，非道弘人。』故天之道、地之道等等悉以置諸第二位，而惟以「人之所以道」為第一位。質言之，則儒家舍人生哲學外無學問，舍人格主義外無人生哲學也。

吾為政治思想史，曷為先縷縷數千言論人生哲學耶？則以政治為人生之一部門，而儒家政論之全部，皆以其人生哲學為出發點。不明乎彼，則此不得而索解也。今當入本題矣。孔子下「政」字之定義，與其所下仁字定義同一形式。曰：

『政者正也。』

然則如何始謂之正？且何由以得其正耶？彼有『平天下絜矩之道』在，所謂：

『所惡於上，毋以使下；所惡於下，毋以事上；所惡於前，毋以先後；所惡於後，毋以從前；所惡於右，毋以交於左；所惡於左，毋以交於右。此之謂絜矩之道。』（大學）

儒家政治對象在『天下』。然其於天下不言治而言平。又曰：『天下國家可均』。平也，均也，皆正之結果也。何以正之？道在絜矩。矩者以我爲標準，絜者以我量彼。荀子曰：

『聖人者以己度者也。故以人度人，以情度情，以類度類。』（非相）

故絜矩者，卽所謂能近取譬也；卽所謂同類意識之表現也。吾儕讀此章，有當注意者兩點：

第一、所謂絜矩者，純以平等對待的關係而始成立，故政治決無片面的權利義務。

第二、所謂絜矩者，須人人共絜此矩，各絜此矩，故政治乃天下人之政治，非一人之政治。

此文絜矩之道，專就消極的「恕」而言，卽荀子所謂『除怨而無妨害人』也。欲社會能爲健全的結合，最少非相互間各承認此矩之神聖焉不可。然「矩」之作用，不以此爲止，更須進而爲積極的發動。夫然後謂之「仁」。孟子曰：

『仁者以其所愛，及其所不愛。』

又曰：

『人皆有所不忍，達之於其所忍，仁也。』

人類莫不有同類意識，然此「意識圈」以吾身爲中心點，隨其環距之近遠以爲強弱濃淡。故愛類觀念，必先發生於其所最親習，吾家族則愛之，非吾家族則不愛。同國之人則不忍，異國人則忍焉。由所愛以『及其所不愛』，由所不忍以『達於其所忍』，是謂同類意識之擴大。孟子曰：『古之人所以大過人者無他焉，善推其所爲而已矣。』推者何？擴大之謂也。然則所以推之道奈何？彼之言曰：

『老吾老以及人之老，幼吾幼以及人之幼，天下可運諸掌。詩云：「刑于寡妻，至於兄弟，以御於家邦。」言舉斯心加諸彼而已。』

『舉斯心加諸彼，』即『能近取譬。』『老吾老以及人之老，……』即『欲立立人，欲達達人』。循此途徑使同類意識圈日擴日大，此則所謂「仁之方」也。

明乎此義，則知儒家之政治思想，與今世歐美最流行之數種思想，乃全異其出發點。彼輩獎勵人情之析類而相嫉，吾儕利導人性之合類而相親。彼輩所謂國家主義者，以極褊狹的愛國心為神聖，異國則視為異類，雖竭吾力以蹙之於死亡，無所謂「不忍」者存。結果則糜爛其民而戰以為光榮，正孟子所謂『不仁者以其所不愛，及其所愛』也。彼中所謂資本階級者，以不能絜矩，故恆以己所不欲者施諸勞工，其罪誠無可恕，然左袒勞工之人——如馬克斯主義者流，則亦日日鼓吹以己所不欲，還施諸彼而已。詩曰：『人之無良，相怨一方。』以此為教，而謂可以改革社會使之向上，吾未之聞。孟子曰：

『離則不祥莫大焉。』（離婁上）

荀子曰：

『彼將厲厲焉，日日相離嫉也；我今將頓頓焉，日日相親愛也。』（王制）

以吾儕誦法孔子之中國人觀之，所謂社會道德者，最少亦當以不相離嫉為原則。同類意識，只有日求擴大，而斷不容奬勵此意識之隔斷及縮小以爲吉祥善事。是故所謂「國民意識」、「階級意識」者，在吾儕腦中殊不明瞭，或竟可謂始終未嘗存在。然必以此點爲吾儕不如人處，則吾之不敏，殊未敢承。

且置此事，復歸本文。儒家之理想的政治，則欲人人將其同類意識擴充到極量，以完成所謂「仁」的世界，此世界名之曰「大同」。大同政治之內容，則如禮記禮運篇所說：

『大道之行也，天下爲公。選賢與能，講信修睦。故人不獨親其親，不獨子其子。使老有所終，壯有所用，幼有所長，鰥寡孤獨廢疾者，皆有所養。男有分，女有歸。貨惡其棄於地也，不必藏諸己；力惡其不出於身也，不必爲己。是故謀閉而不興，盜竊亂賊而不作，故外戶而不閉，是謂大同。』

此章所包含意義，當分三段解剖之。

一、『天下爲公。選賢與能。講信修睦。』此就純政治的組織言。所言「天下」，與下文之『城郭溝池以爲固』相對。蓋主張「超國家」的組織，以全世界爲政治對象。所言「爲公」及「選賢與能」，與下文之『大人世及以爲禮』相對，蓋不承認任何階級之世襲政權，主張政府當由人民選舉。所言講信修睦，指地域團體（近於今世所謂「國際的」而性質不同）相互間關係，主張以同情心爲結合基本。

二、『故人不獨親其親……女有歸。』此就一般社會組織言，主張以家族爲基礎，而參以「

超家族」的精神。除老、壯、幼、男、女、廢疾……等生理差別外，認人類一切平等。在此生理差別上，充分利用之以行互助。其主要在『壯有所用』一語。老幼皆受社會公養（註六），社會所以能舉此者，則由壯者當以三四十年服務於社會也。

三、『貨惡其棄於地也，不必藏諸己；力惡其不出於身也，不必爲己。』此專就社會組織中關於經濟條件者而言。貨惡棄地，則凡可以增加生產者，皆所奬勵。然不必藏諸己，則資本私有甚非所重，不惟不肯掠取剩餘價值而已。力惡不出，故常認勞作爲神聖。然不必爲己，不以物質享樂目的瀆此神聖也。此其義蘊，與今世社會主義家豔稱之『各盡所能，各取所需』兩格言正相函。但其背影中別有一種極溫柔敦厚之人生觀在。有一種「無所謂而爲」的精神在，與所謂「唯物史論」者流乃適得其反也。

儒家懸此以爲政治最高理想之鵠，明知其不能驟幾也，而務向此鵠以進行。故孔子自言曰：『丘未之逮也，而有志焉。』（禮運此文之冠語）進行之道奈何？亦曰以同類意識爲之樞而已。故曰：

『聖人耐（卽能字）以天下爲一家，中國爲一人，非意之也（意卽臆字言非臆度之談）。必知其情，辟（卽譬字）於其義，明於其利，達於其患，然後能爲之。』（禮運末段文）

不仁之極，則感覺痲木，而四肢痛癢互不相知。仁之極，則感覺銳敏，而全人類情義利患之於我躬，若電之相震也。信乎『以天下爲一家，中國爲一人，非意之也。』

第四章 儒家思想（其二）

大同者，宇宙間一大人格完全實現時之圓滿相也。然宇宙固永無圓滿之時，圓滿則不復成爲宇宙。儒家深信此理，故易卦六十四，始「乾」而以「未濟」終焉。然則在此不圓滿之宇宙中，吾人所當進行者何事耶？曰：吾人常以吾心力所能逮者向上一步，使吾儕所嚮往之人格實現、宇宙圓滿的理想稍進一著，稍增一分而已。其道奈何？曰：吾儕固以同類意識擴大到極量爲職志，然多數人此意識方在痲木狀態中，遑言擴大！故未談擴大以前，當先求同類意識之覺醒。覺醒之第一步，則就其最逼近、最簡單之「相人偶」以啟發之。與父偶則爲子，與子偶則爲父，與夫偶則爲婦，與婦偶則爲夫。……先從此等處看出人格相互關係，然後有擴充之可言，此則倫理之所由立也。論語記：

『齊景公問政於孔子，孔子對曰：「君君、臣臣、父父、子子。」公曰：「善哉！信如君不君，臣不臣，父不父，子不子，雖有粟，吾得而食諸！」』

大學稱『止於至善，』其條理則：

『爲人君，止於仁；爲人臣，止於敬；爲人子，止於孝；爲人父，止於慈；與國人交，止於信。』

中庸述孔子言亦云：

『所求乎子以事父，所求乎臣以事君，所求乎弟以事兄，所求乎朋友先施之。』

此卽絜矩之道應用於最切實者。凡人非爲人君，卽爲人臣，非爲人父，卽爲人子，而且爲人君者，同時亦爲人臣，或嘗爲人臣（註七）；爲人父者同時亦爲人子，或嘗爲人子。此外更有不在君臣父子……等關係範圍中者，則所謂「朋友。」所謂「與國人交，」君如何始得爲君，以其履行對臣的道德責任，故謂之君。反是則君不君。臣如何始得爲臣？以其履行對君的道德責任，故謂之臣。反是則臣不臣。父子兄弟夫婦朋友莫不皆然。若是者謂之五倫。後世動謂儒家言三綱五倫，非也。儒家只有五倫，並無三綱。五倫全成立於相互對等關係之上，實卽「相人偶」的五種方式。故禮運從五之偶言之，亦謂之「十義。」（父慈子孝兄良弟悌夫義婦聽長惠幼順君仁臣忠）人格先從直接交涉者體驗起，同情心先從最親近者發動起，是之謂倫理。

凡倫理必有差等，『於所厚者薄，無所不薄也。』（孟子）故先務厚其所不得不厚者焉。於是乎有所謂『親親之殺，尊賢之等。』（中庸）卽吾前文所謂意識圈以吾身爲中心點，隨其環距之近遠以爲強弱濃淡也。此環距之差別相，實卽所以表現同類意識覺醒之次第及其程度。墨家不承認之，儒家則承認之，且利用之，此兩宗之最大異點也。

儒家欲使各人將最切近之同類意識由痲木而覺醒，有一方法焉。曰「正名。」此方法卽以應用於政治，論語記：

『子路曰：「衞君待子而爲政，子將奚先？」子曰：『必也，正名乎！」子路曰：「有是哉，子之迂也。奚其正！」子曰：「野哉由也！君子於其所不知，蓋闕如也。名不正則言不順，言不順則事不成，事不成則禮樂不興，禮樂不興則刑罰不中，刑罰不中則民無所措手足。故君子名之必可言也，言之必可行也。君子於其言，無所苟而已矣。」』

吾儕幼讀此章，亦與子路同一感想，覺孔子之迂實甚，繼讀後儒之解釋，而始知其深意之所存。董仲舒春秋繁露云：

『名者，大理之首章也。錄其首章之意以窺其中之事，則是非可知，逆順自著。……』

(深察名號篇)

又云：

『名生於眞，非其眞弗以爲名。名者，聖人之所以眞物也。故凡百譏(原作譏疑誤)有黮黮者，各反其眞，則黮黮者還昭昭耳。欲審曲直，莫如引繩；欲審是非，莫如引名；名之審於是非也，猶繩之審於曲直也。詰其名實，觀其離合，則是非之情，不可以相讕已。』

(同上)

荀子云：

『王者之制名，名定而實辨，道行而志通，則愼率民而一焉。……今聖王沒，名守慢，奇辭起，名實亂，是非之形不明，則雖守法之吏，誦數之儒，亦皆亂也。……異形離心交

喻，異物名實互紐，貴賤不明（註八），同異不別，如是則志必有不喻之患，而事必有困廢之禍。……』（正名篇）

荀董書中此兩篇，皆論語正名章注脚。欲知儒家對於「正名」之義，曷爲如此其重視，當先略言名與實之關係。實者事物之自性相也。名者人之所命也。每一事物抽出其屬性而命以一名，覩其名而其「實」之全屬性具攝焉（註九）。所謂『錄其首章之意，以窺其中之事』也。由是循名以責實，則有同異離合是非順逆貴賤之可言。第一步、名與實相應，謂之同、謂之合；不相應謂之異、謂之離。第二步、同焉、合焉者，謂之是、謂之順；異焉、離焉者，謂之非、謂之逆。第三步、是焉、順焉者，則可貴；非焉、逆焉者，則可賤。持此以裁量天下事理，則猶引繩以審曲直也，此正名之指也。

正名何故可以爲政治之本耶？其作用在使人「顧名思義，」則麻木之意識可以覺醒焉。卽如子路所假設「待子爲政」之衞君，其人卽拒父之出公輒也。其父蒯聵，名爲人父，實則父不父；輒名爲人子，實則子不子。持名以衡其是非貴賤，則俱非也，俱賤也。使各能因其名以自警覺，則父子相人偶之意識可以回復矣。又如今中華民國號稱共和，「共和」一名所含屬性何如？未或能正也。從而正之，使人人能『錄其首章之意以窺其中之事，』以力求實際之足以副此名者，則可以使共和之名『如其眞』矣，此正名之用也。

孔子正名之業在作春秋。莊子曰：『春秋以道名分。』（天下篇）董子曰：『春秋辨物之理以正其名，名物如其眞，不失秋豪之末。』（繁露深察名號篇）司馬遷曰：『春秋文成數萬，其指數千，萬物聚散，皆在春秋。』（太史公自序）蓋孔子手著之書，惟有一種，其書實專言政治，即春秋也。故孟子曰：『春秋，天子之事也。』其書義例繁賾，非本文所能具詳。舉要言之，則儒家倫理之結晶體。從正名所得的條理，將舉而措之以易天下者也。故春秋有三世之義：始據亂，次升平，終太平。謂以此爲教，則人類意識漸次覺醒，可以循政治上所懸理想之鵠而日以向上也。

「仁」之適用於各人之名分者謂之義。『義者宜也。』（中庸）其析爲條理者謂之禮，『禮者所以履也。』（禮器）孔子言政，以義禮爲仁之輔。而孟子特好言義，荀子尤善言禮，當別於第六七兩章詳解之。

第五章　儒家思想（其三）

儒家此種政治，自然是希望有聖君賢相在上，方能實行。故吾儕可以名之曰「人治主義。」人治主義之理論何由成立耶？儒家以爲聖賢在上位，可以移易天下。所謂：

『君子……脩己以敬，……脩己以安人，……脩己以安百姓。』（論語）

『君子篤恭而天下平。』（中庸）

『君子之守，脩其身而天下平。』(孟子)

問其何以能如此？則曰在上者以心力爲表率，自然能如此。故曰：

『政者正也。子帥以正，孰敢不正。』(論語)

『子欲善，而民善矣。君子之德，風也；小人之德，草也；草上之風必偃。』(同上)

『上好禮，則民莫敢不敬；上好義，則民莫敢不服；上好信，則民莫敢不用情。』(同上)

『上老老，而民興孝；上長長，而民興弟；上恤孤，而民不悖。』(大學)

此類語句見於儒家書中者，不可枚舉。既已如此，則政治命脈，殆專繫君主一人之身。故曰：

『君仁莫不仁，君義莫不義，君正莫不正，一正君而國定矣。』(孟子)

惟其如此，則所謂善政者，必

『待其人而後行。』(中庸)

惟其如此，故

「惟仁者宜在高位。不仁者而在高位，是播其惡於衆也。』(孟子)

雖然，仁者不出世，而不仁者接踵皆是。如何能使在高位者必皆仁者耶？儒家對此問題，遂不能作圓滿解答。故其結論落到：

『其人存則其政舉，其人亡則其政息。』(中庸)

儒家之人治主義，所以被法家者流抨擊而幾至於釐滅者，卽在此點。敵派之論調，至敍彼派時更定其評價，今不先贅。

吾儕今所欲討論者，儒家之人治主義，果如此其脆薄而易破耶？果眞如世俗所謂「賢人政治」者，專以一聖君賢相之存沒爲興替耶？以吾觀之，蓋大不然。吾儕旣不滿於此種賢人政治，宜思所以易之。易之之術，不出二途：其一、以「物治」易「人治，」如法家所主張，使人民常爲機械的受治者（法家所以爲物治爲機械的之理由俟於敍彼派時更詳論）。其二、以「多數人治」易「少數人治，」如近世所謂「德謨克拉西，」以民衆爲政治之骨幹。此二途者不待辨而知其應採第二途矣。而儒家政治論精神之全部，正向此途以進行者也。

儒家深信非有健全之人民，則不能有健全之政治。故其言政治也，惟務養成多數人之政治道德、政治能力，及政治習慣。謂此爲其政治目的也可，謂此爲其政治手段也亦可。然則挾持何具以養成之耶？則亦彼宗之老生常譚——仁義德禮等而已。就中尤以禮爲主要之工具，故亦名之曰「禮治主義。」孔子嘗論禮與法功用之比較曰：

『凡人之知，能見已然，不能見將然。禮者禁於將然之前，而法者禁於已然之後。……禮云、禮云，貴絕惡於未萌，而起敬於微眇，使民日徙善遠罪而不自知也。』（大戴禮記禮察篇小戴禮記經解篇）

此言禮之大用，可謂博深切用。法禁已然，譬則事後治病之醫藥；禮防未然，譬則事前防病之術生術。儒家之以禮導民，專使之在平日不知不覺間從細微地方起，養成良好習慣，自然成爲一健全之人民也。孔子又曰：

『禮義以爲紀。……示民有常，如有不由此者，在勢者去，衆以爲殃。』（禮運）

法是恃政治制裁力發生功用。在此政府之下，卽不能不守此政府之法。禮則不然，專恃社會制裁力發生功用。願守此禮與否，儘可隨人自由，但此禮旣爲社會所公認時，有不守者則視同怪物（衆以爲殃）。雖現在有勢位之人，亦終被擯棄（在勢者去）。此種制裁力雖不能謂全無流弊，（第七章別論之）然最少亦比法治的流弊較輕，則可斷言。孔子於是下一決論曰：

『道之以政，齊之以刑，民免而無恥；道之以德，齊之以禮，有恥且格。』（論語）

此章在中外古今政治論中，實可謂爲最徹底的見解。試以學校論，道之以政，齊之以刑，則如立無數規條罰則，如何如何警學生之頑，如何如何防學生之惰；爲師長者則自居警察，以監視之勤、干涉之周、爲盡職，其最良之結果，不過令學生兢兢焉期免於受罰。然以期免受罰之故，必至用種種方法以逃監察之耳目，或於條文拘束所不及之範圍內故意怠恣，皆所難免。養成此種卑劣心理，人格便日漸墮落而不自覺，故曰免而無恥。道之以德，齊之以禮者，則專務以身作則，爲人格的感化；專務提醒學生之自覺，養成良好之校風，校風成後，有干犯破壞者，不期而爲同輩所指目，其人卽亦羞媿無以自容，不待強迫，自能洗其心而革其面也，故曰有恥且格。此二術者，利害比較，昭然甚明。學校且然，國家尤甚。且如英國人者，以最善運用憲政聞於今世者也。問彼有憲法乎？無有也。有選舉法、議院法乎？無有也。藉曰有之，則其物固非如所謂『憲令著於官府，』不過一種無文字的信條深入人心而已。然而舉天下有成文憲法之國民，未聞有一焉能如英人之善於爲政者，此其故可深長思也。無文字的信條，謂之習慣。習慣之合理者，儒家命之曰「禮。」故曰：『禮也者，理之不可易者也。』（樂記）儒家確信非養成全國人之合理的習慣，則無政治可言。不此之務，而鰓鰓然朝制一法律，暮頒一條告，不惟無益，而徒增其害，此禮治主義根本精神所在也。

儒家固希望聖君賢相，然所希望者，非在其治民莅事也，而在其「化民成俗。」（學記）所謂：

『勞之、來之、匡之、直之、輔之、翼之，使自得之。』（孟子）

政治家惟立於扶翼匡助的地位，而最終之目的乃在使民「自得。」以「自得」之民組織社會，則何施而不可者。如此則政治家性質，恰與教育家性質同。故曰：『天相下民，作之君，作之師。』（孟子引逸書）吾得名之曰：「君師合一主義。」抑所謂扶翼匡助，又非必人人而撫摩之也。儒家深信同類意識之感召力至偉且速，謂欲造成何種風俗，惟在上者以身先之而已。前文所引『上好禮則民莫敢不敬，……』『上老老而民興孝，……』諸義，其所重全在此一點。即以在上者之人格與一般人民人格相接觸，使全人類之普徧人格循所期之目的以向上。是故：

『民日遷善而不知爲之者。』（孟子）

此種感召力，又不徒上下之交而已，一般人相互關係，莫不有然。故曰：

『一家仁，一國興仁；一家讓，一國興讓；一人貪暴，一國作亂；其機如此。』（大學）

一人一家之在一國，如一血輪之在一體也。或良或窳，其影響皆立徧於全部所謂「正己而物正」者，非獨居上位之人爲然也。凡人皆當有事焉，故大學言脩身齊家治國平天下之事，而云：

『自天子以至於庶人，壹是、皆以修身爲本。』

由此言之，修其身以平天下，匪直天子也，庶人亦然。故

『或謂孔子曰：「子奚不爲政？」子曰：『書云：「孝乎！惟孝友於兄弟，施於有政。」是亦爲政，奚其爲爲政？』（論語）

由孔子之言，則亦可謂全國人無論在朝在野，皆「爲政」之人。吾人之行動無論爲公爲私，皆政治的行動也。此其義雖若太玄渺而無畔岸，雖然，吾儕苟深察「普徧人格」中各個體之相互的關係，當知其言之不可易。嗚呼！此眞未易爲「機械人生觀者流」道也。

明乎此義，則知儒家所謂人治主義者，絕非僅恃一二聖賢在位以爲治，而實欲將政治植基於「全民」之上。荀子所謂『有治人，無治法。』其義並不謬，實卽孔子『人能弘道，非道弘人。』之旨耳。如曰法不待人而可以爲治也。則今歐美諸法之見採於中華民國者多矣，今之政，曷爲而日亂耶。

要而論之，儒家之言政治，其唯一目的與唯一手段，不外將國民人格提高。以目的言，則政

治卽道德，道德卽政治。以手段言，則政治卽教育，教育卽政治。道德之歸宿，在以同情心組成社會；教育之次第，則就各人同情心之最切近、最易發動者而濬啟之。『孩提之童，無不知愛其親，及其長也，無不知敬其兄。』（孟子）人苟非甚不仁，則未有於其所最宜同情之人（父母兄弟）而不致其情者。旣有此同情，卽可藉之爲擴充之出發點。故曰：

『君子篤於親，則民興於仁。故舊不遺，則民不偷。』（論語）

又曰：

『愼終追遠，民德歸厚矣。』（論語）

全社會分子，人人皆厚而不偷，以共趨嚮於仁，則天下國家之治平，舉而措之而已矣。何以能如是？則『施由親始。』（孟子）『殺人之父者，人亦殺其父；殺人之兄者，人亦殺其兄。』（孟子）故『愛親者不敢惡於人，敬親者不敢慢於人。』（孝經）儒家利用人類同情心之最低限度爲人人所同有者而灌植之、擴充之，使達於最高限度，以完成其所理想之『仁的社會』。故曰：

『人人親其親、長其長、而天下平。』（孟子）

儒家此種理想，自然非旦夕可致，故孔子曰：

『如有王者，必世而後仁。』（論語）

又曰：

『善人爲邦百年，亦可以勝殘去殺矣。』（論語）

後儒謂『王道無近功，』信然！蓋儒家政治之目的，誠非可以一時一地之效率程也。宇宙本爲不完成之物，創造進化曾靡窮期，安有令吾儕滿足之一日？滿足則乾坤息矣！或評孔子曰：

『是知其不可而爲之者與！』（論語）

夫「不可」固宇宙之常態也，而「爲之」則人之所以爲人道也。孔子曰：

『鳥獸不可與同羣，吾非斯人之徒與而誰與？天下有道，丘不與易也。』（論語）

同類意識與同情心發達到極量，而行之以『自強不息，』斯則孔子之所以爲孔子而已。

第六章　儒家思想（其四——孟子）

儒家政治思想，其根本始終一貫。惟自孔子以後經二百餘年之發揮光大，自宜應時代之要求，爲分化的發展。其末流則孟子荀卿兩大家，皆承孔子之緒，而持論時有異同。蓋緣兩家對於人性之觀察異其出發點，孔子但言『性相近，習相遠，』所注重者在養成良「習」而止。而性之本質如何，未嘗剖論。至孟子主張性善，荀卿主張性惡，所認之性既異，則所以成「習」之具亦自異。故同一儒家言而間有出入焉。然亦因此而於本宗之根本義，益能爲局部細密的發明。故今於兩家特點更分別論之。

儒家政治論，本有唯心主義的傾向，而孟子爲尤甚。『生於其心，害於其政；發於其政，害於其事。』（公孫丑上滕文公下）此語最爲孟子樂道。『正人心』、『格君心』等文句，書中屢見不一見，孟子所以認心力如此其偉大者，皆從其性善論出來，故曰：

『人皆有不忍人之心，先王有不忍人之心，斯有不忍人之政矣。以不忍人之心，行不忍人之政，治天下可運諸掌。』（公孫丑上）

何故不忍人之心，效力如此其偉大耶？孟子以爲人類心理有共通之點，此點卽爲全人類溝通之祕鑰。其言曰：

『故凡同類者擧相似也，何獨至於人而疑之？……口之於味也，有同耆焉；耳之於聲也，有同聽焉；目之於色也，有同美焉；至於心獨無所同然乎？』（告子上）

何謂心之所同然？

『惻隱之心，人皆有之；羞惡之心，人皆有之；辭讓之心，人皆有之；是非之心，人皆有之。……惻隱之心，仁之端也；羞惡之心，義之端也；辭讓之心，禮之端也；是非之心，智之端也。……凡有四端於我者，知皆擴而充之矣。若火之始然，泉之始達，苟能充之，足以保四海。……』（公孫丑上）

人皆有同類的心，而心皆有善端。人人各將此心擴大而充滿其量，則彼我人格相接觸，遂形成普徧圓滿的人格。故曰：『苟能充之，足以保四海』也。此爲孟子人生哲學、政治哲學之總出發點。其要義已散見前數章中，可勿再述。

孟子之最大特色，在排斥功利主義。孔子雖有『君子喻義，小人喻利。』之言，然易傳言：『利者義之和。』言『以美利利天下。』大學言『樂其樂，而利其利。』並未嘗絕對的以「利」字爲含有惡屬性。至孟子乃公然排斥之，全書發端記與梁惠王問答，即昌言：

『何必曰利？亦有仁義而已矣。王曰：何以利吾國？大夫曰：何以利吾家？士庶人曰：何以利吾身？上下交征利，而國危矣。萬乘之國，弒其君者，必千乘之家。千乘之國，弒其君者，必百乘之家。萬取千焉，千取百焉，不爲不多矣，苟爲後義而先利，不奪不饜。』（梁惠王上）

宋牼將以利不利之說、說秦楚罷兵，孟子謂『其號不可。』其言曰：

『先生以利說秦楚之王，秦楚之王悅於利以罷三軍之師，是三軍之士，樂罷而悅於利也。爲人臣者，懷利以事其君，爲人子者，懷利以事其父，爲人弟者，懷利以事其兄，是君臣父子兄弟，終去仁義，懷利以相接。然而不亡者，未之有也。……何必曰利？』（告子下）

書中此一類語句甚多，不必枚舉。要之此爲孟子學說中極主要的精神，可以斷言。後此董仲舒所謂『正其誼不謀其利，明其道不計其功，』即從此出。此種學說在二千年社會中，雖保有相當勢力，然眞能實踐者已不多。及近十餘年泰西功利主義派哲學輸入，浮薄者或曲解其說以自便。於是孟董此學，幾成爲嘲侮之鵠，今不能不重新徹底評定其價值。

營私罔利之當排斥，此常識所同認，無俟多辨也。儒家——就中孟子所以大聲疾呼以言利爲不可者，並非專指一件具體的牟利之事而言，乃是言人類行爲不可以利爲動機。申言之，則凡計較利害——打算盤的意思，都根本反對。認爲是『懷利以相接。』認爲可以招社會之滅亡。此種見解，與近世（就中美國人尤甚）實用哲學者流專重「效率」之觀念正相反。究竟此兩極端的兩派見解孰爲正當耶？吾儕毫不遲疑的贊成儒家言。吾儕確信「人生」的意義不是用算盤可以算得出來，吾儕確信人類只是爲生活而生活，並非爲求得何種效率而生活。有絕無效率的事，或效率極小的事，吾儕理應做，或樂意做者，還是做去。反是，雖常人所指爲效率極大者（無論爲常識所認的效率或爲科學方法分析評定的效率），吾儕有許多不能發見其與人生意義有何等關係。是故吾儕於效率主義，已根本懷疑。即讓一步，謂效率不容蔑視，然吾儕仍確信效率之爲物，不能專以物質的爲計算標準。最少亦要通算精神物質之總和（實則此總和是算不出來的）。又確信人類全體的效率，並非由一個一個人一件一件事的效率相加或相乘可以求得。所以吾儕對於現代最流行的效率論，認爲是極淺薄的見解，絕對不能解決人生問題。

「利」的性質，有比效率觀念更低下一層者，是爲權利觀念。權利觀念，可謂爲歐美政治思想之唯一的原素。彼都所謂人權，所謂愛國，所謂階級鬭爭，……等種種活動，無一不導源於此。乃至社會組織中最簡單最密切者，如父子夫婦相互之關係，皆以此觀念行之。此種觀念，入到吾儕中國人腦中，直是無從理解。父子夫婦間，何故有彼我權利之可言，吾儕眞不能領略此中妙諦。此妙諦既未領略，則從妙諦推演出來之人對人權利，地方對地方權利，機關對機關權利，階級對階級權利，乃至國對國權利，吾儕一切皆不能了解。既不能了解，而又豔羨此「時髦」學說，謂他人所以致富強者在此，必欲採之以爲我之裝飾品，於是如邯鄲學步，新未成而故已失。比年之蜩唐沸羹不可終日者，豈不以此耶！我且勿論，彼歐美人固充分了解此觀念，恃以爲組織社會之骨幹者也。然其社會所以優越於我者何在？吾儕苦未能發明。卽彼都人士交竊竊焉疑之。由孟子之言，則直是『亦征利，』『懷利以相接，』『不奪不饜，』『然而不亡者，未之有也。』質而言之，權利觀念，全由彼我對抗而生。與通彼我之「仁」的觀念絕對不相容。而權利之爲物，其本質含有無限的膨脹性，從無自認爲滿足之一日。誠有如孟子所謂：『萬取千、千取百、而不饜』者。彼此擴張權利之結果，只有『爭奪相殺謂之人患。』(禮運)之一途而已。置社會組織於此觀念之上而能久安，未之前聞。歐洲識者，或痛論彼都現代文明之將卽滅亡，殆以此也。我儒家之言則曰：

『能以禮讓爲國夫何有。』(論語)

此語入歐洲人腦中，其不能了解也，或正與我之不了解權利同。彼欲以交爭的精神建設彼之社會，我欲以交讓的精神建設我之社會，彼笑我儒，我憐彼獷，既不相喻，亦各行其是而已。

孟子既絕對的排斥權利思想，故不獨對個人爲然，對國家亦然。其言曰：

『我能爲君辟土地，充府庫，今之所謂良臣，古之所謂民賊也。……我能爲君約與國，戰

必克，今之所謂良臣，古之所謂民賊也。……』（告子下）

又曰：

『爭地以戰，殺人盈野；爭城以戰，殺人盈城。此所謂率土地而食人肉，罪不容於死，故善戰者服上刑，連諸侯者次之，辟草萊任土地者次之。』（離婁上）

由孟子觀之，則今世國家所謂軍政、財政、外交，與夫富國的經濟政策等等，皆罪惡而已。何也？孟子以爲凡從權利觀念出發者，皆罪惡之源泉也。惟其如是，故孟子所認定之政治事項，其範圍甚狹。

『滕文公問爲國，孟子曰：民事不可緩也。』（滕文公上）

民事奈何？從消極的方面說，先要不擾民。所謂：

『不違農時，穀不可勝食也；數罟不入洿池，魚鼈不可勝食也；斧斤以時入山林，材木不可勝用也。穀與魚鼈不可勝食，材木不可勝用，是使民養生送死無憾也。養生送死無憾，王道之始也。』（梁惠王上）

從積極的方面說，更要保民。保民奈何？孟子以爲：

『無恆產而有恆心者，惟士爲能。若民、則無恆產，因無恆心。苟無恆心，放辟邪侈，無不爲矣。及陷乎罪，然後從而刑之，是罔民也。是故明君制民之產，必使仰足以事父母，俯足以畜妻子，樂歲終身飽，凶年免於死亡。然後驅而之善，故民之從之也輕。』（梁惠

王上)

政治目的，在提高國民人格，此儒家之最上信條也。孟子卻看定人格之提高，不能離卻物質的條件，最少亦要人人對於一身及家族之生活得確實保障，然後有道德可言。當時唯一之生產機關，自然是土地，孟子於是提出其生平最得意之土地公有的主張，——即井田制度，其說則：

『方里而井，井九百畝，其中爲公田，八家皆私百畝，同養公田。』(滕文公上)

『五畝之宅，樹之以桑，五十者可以衣帛矣。雞豚狗彘之畜，無失其時，七十者可以食肉矣。百畝之田，勿奪其時，八口之家，可以無飢矣。』(梁惠王上)

旣已人人有田可耕，有宅可住，無憂飢寒。雖然，

『飽食煖衣，逸居而無敎，則近於禽獸。』(滕文公上)

於是：

『設爲庠序學校以敎之。』(滕文公上)

使

『壯者以暇日，脩其孝弟忠信。』(梁惠王上)

在此種保育政策之下，其人民：

『死徙無出鄉，鄉田同井。出入相友，守望相助，疾病相扶持，則百姓親睦。』(滕文公上)

孟子所言井田之制，大略如是。此制孟子雖云三代所有，然吾儕未敢具信。或遠古習慣有近於此者，而儒家推演以完成之云爾。後儒解釋此制之長處，謂『井田之義，一曰無泄地氣，二曰無費一家，三曰同風俗，四曰合巧拙，五曰通財貨。』（公羊傳宣十五何注）此種農村互助的生活，實爲儒家理想中最完善之社會組織。所謂『王者之民皞皞如也。』（盡心上）雖始終未能全部實行，然其精神深入人心，影響於我國國民性者實非細也。

由是觀之，孟子言政治，殆不出國民生計、國民敎育兩者之範圍。質言之，則舍民事外無國事也。故曰：

『民爲貴，社稷次之，君爲輕。』（盡心下）

政府施政，壹以順從民意爲標準。

『所欲、與之聚之；所惡、勿施爾也。』（離婁上）

順從民意奈何？曰：當局者以民意爲進退。

『左右皆曰賢，未可也；諸大夫皆曰賢，未可也；國人皆曰賢，然後察之，見賢焉，然後用之。左右皆曰不可，勿聽；諸大夫皆曰不可，勿聽；國人皆曰不可，然後察之，見不可焉，然後去之。』（梁惠王下）

其施政有反於人民利益者，則責備之不稍容赦。其言曰：

『殺人以梃與刃，有以異乎？曰：無以異也。以刃與政，有以異乎？曰：無以異也。曰：

庖有肥肉，廐有肥馬，民有饑色，野有餓莩，此率獸而食人也。獸相食，且人惡之，爲民父母行政，不免於率獸而食人，惡在其爲民父母也！』（梁惠王上）

此等語調，不惟責備君主專制之政而已。今世歐美之中產階級專制，勞農階級專制，由孟子視之，皆所謂『殺人以政，不免於率獸而食人』者也。

儒家之敎，雖主交讓，然亦重正名。『欲爲君，盡君道。』（離婁下）旣不盡君道，則不能復謂之君。故：

『齊宣王問曰：「湯放桀，武王伐紂，有諸？」孟子對曰：「於傳有之。」曰：「臣弑其君可乎？」曰：「賊仁者，謂之賊；賊義者，謂之殘。殘賊之人，謂之一夫。聞誅一夫紂矣，未聞弑君也。」』（梁惠王下）

儒家認革命爲正當行爲，故易傳曰：『湯武革命，順乎天而應乎人。』（革象傳）孟子此言，卽述彼意而暢發之耳。雖然，儒家所主張之革命，在爲正義而革命，若夫爲擴張一個人或一階級之權利而革命，殊非儒家所許。何也？儒家固以權利觀念爲一切罪惡之源泉也。

孟子言仁政，言保民，今世學者汲歐美政論之流，或疑其獎勵國民依賴根性，非知治本。吾以爲此苛論也。孟子應時主之問，自當因其地位而責之以善，所謂『與父言慈、與子言孝，』不主張仁政，將主張虐政耶？不主張保民，將主張殘民耶？且無政府則已，有政府，則其政府無論以何種分子何種形式組織，未有不宜以仁政保民爲職志者也。然則孟子之言，何流弊之有？孟子言政，其所予政府權限並不大，消極的保護人民生計之安全，積極的導引人民道德之向上，曷嘗於民政有所障耶？

第七章　儒家思想（其五——荀子）

荀子與孟子，同為儒家大師，其政治論之歸宿點全同，而出發點則小異。孟子信性善，故注重精神上之擴充。荀子信性惡，故注重物質上之調劑。荀子論社會起原，最為精審。其言曰：

『水火有氣而無生，草木有生而無知，禽獸有知而無義，人有生、有氣、有知、亦且有義，故最為天下貴也。力不若牛，走不若馬，而牛馬為用何也？曰：人能羣，彼不能羣也。人何以能羣？曰：分。分何以能行？曰：義。故義以分則和，和則一，一則多力，多力則強，強則勝物。』（王制）

此言人之所以貴於萬物者，以其能組織社會。社會成立，則和而一，故能強有力以制服自然。社會何以能成立？在有分際。分際何以如此其重要？荀子曰：

『萬物同宇而異體，無宜而有用為人（王念孫曰為讀于曰古同聲通用言萬物於人雖無一定之宜而皆有用於人）數也。人倫並處，同求而異道，同欲而異知，生也（王念孫曰生讀為性）。皆有可也，知愚同；所可異也，知愚分。勢同而知異，行私而無禍，縱欲而不窮，則民心奮而不可說也。……天下害生縱欲，欲惡同物，欲多而物寡，寡則必爭矣。……離居不相待則窮，羣而無分則爭。窮者患也，爭者禍也，救患除禍，莫若明分使羣矣。』（富國）

又曰：

『禮起於何也？曰：人生而有欲，欲而不得則不能無求；求而無度量分界則不能不爭。爭則亂，亂則窮。先生惡其亂世，故制禮義以分之，以養人之欲，給人之求；使欲必不窮乎物，物必不屈於欲。兩者相持而長，是禮之所起也。』（禮論）

又曰：

『分均則不偏（案當作徧），勢齊則不壹，眾齊則不使。……夫兩貴之不能相事，兩賤之不能相使，是天數也。勢位齊而欲惡同，物不能澹（楊注云澹讀為贍）則必爭。爭則必亂，亂則窮矣。先王惡其亂也，故制禮義以分之，使有貧富貴賤之等，足以相兼臨者，是養天下之本也。書曰：「維齊非齊」，此之謂也。』（王制）

此數章之文極重要。蓋荀子政論全部之出發點，今分數層研究之。第一層、從純物質方面說，人類不能離物質而生活，而物質不能為無限量的增加，故常不足以充饜人類之欲望（欲多物寡物不能贍）。第二層、從人性方面說，孟子言『辭讓之心人皆有之。』荀子正與相反，謂爭奪之心，人皆有之（縱欲而不窮不能不爭）。第三層、從社會組織動機說，旣不能不為社會的生活（離居不相待則窮），然生活自由的相接觸，爭端必起（羣而無分則爭）。第四層、從社會組織理法說，惟有使各人在某種限度內爲相當的享用，庶物質分配不至竭蹶（以度量分界養人之欲給人之求）。第五層、從社會組織實際說，承認社會不平等（有貧富貴賤之等維齊非齊），謂只能於不平等中求秩序。

生活不能離開物質，理甚易明。孔子說『富之敎之』；孟子說『恆產恆心』；未嘗不見及此點。荀子從人性不能無欲說起，由欲有求，由求有爭，因此不能不有度量分界以濟其窮，剖析極爲精審，而頗與唯物史觀派之論調相近。蓋彼生戰國末，受法家者流影響不少也。荀子不承認「欲望」是人類惡德，但以爲要有一種「度量分界」，方不至以我個人過度的欲望，侵害別人分內的欲望。此種度量分界，名之曰禮。儒家之禮治主義，得荀子然後大成，亦至荀子而漸滋流弊。今更當一評騭之。坊記云：

『禮者，因人之情而爲之節文，以爲民坊者也。』

「人之情」固不可拂，然漫無節制，流弊斯滋，故子游曰：

『有直道而徑行者，夷狄之道也。禮道則不然，人喜則斯陶，斯陶咏，咏斯猶（鄭注猶當爲搖聲之誤也），猶斯舞，慍斯戚，戚斯歎，歎斯辟（鄭注辟拊心也），辟斯踊矣。品節斯，斯之謂禮。』（檀弓）

禮者，因人之情欲而加以品節，使不至一縱而無極，實爲陶養人格之一妙用。故孔子曰：『禮之用，和爲貴。』又曰：『恭而無禮則勞，愼而無禮則葸，勇而無禮則亂，直而無禮則絞。』通觀論語所言禮，大率皆從精神修養方面立言，未嘗以之爲量度物質工具。荀子有感於人類物質欲望之不能無限制也，於是應用孔門所謂禮者以立其度量分界（此蓋孔門弟子早有一派非創自荀子特荀子集其大成耳），其下禮之定義曰：

『禮者，斷長續短，損有餘益不足，達愛敬之文，而滋成行義之美者也。』（禮論）

斷長續短、損有餘、益不足云者，明明從物質方面說。故曰：

『人之情，食欲有芻豢，衣欲有文繡，行欲有輿馬；又欲夫餘財蓄積之富也。然而窮年累世不知不足（楊注云當爲不知足），是人之情也。今人之生也，方知蓄鷄狗豬彘，又畜牛羊，然而食不敢有酒肉；餘刀布，有囷窌，然而衣不敢有絲帛；約者有筐篋之藏，然而行不敢有輿馬；是何也？非不欲也，幾不（王念孫謂此二字涉下文而衍）長慮顧後而恐無以繼之故也。……今夫偷生淺知之屬，曾此而不知也。糧食大侈，不顧其後，俄則屈安窮矣（楊注云安語助也猶言屈然窮案荀子書中安字或案字多作語助辭用），是其所以不免於凍餓操瓢囊爲溝壑中瘠者也。況（案況當訓譬）夫先王之道、仁義之統、詩書禮樂之分乎！彼固天下之大慮也，將爲天下生民之屬，長慮顧後而保萬世也。……』（榮辱）

荀子以爲人類總不容縱物質上無壑之欲，個人有然，社會亦有然。政治家之責任，在將全社會物質之量，通盤籌算，使人人不至以目前「太侈」之享用，招將來之「屈窮」，所謂『欲必不窮乎物，物必不屈於欲』也。其專從分配問題言生計，正與孟子同。而所論比孟子尤切實而縝密。然則其分配之法如何？荀子曰：

『夫貴爲天子，富有天下，是人情之所同欲也。然則從人之欲，則埶不能容，物不能贍也。故先王案爲之制禮義以分之，使有貴賤之等，長幼之差，知愚能不能之分，皆使人載其事而各得其宜，然後使愨（兪樾曰愨當作穀聲之誤也）祿多少厚薄之稱。……故或祿天下而不自以爲多，或監門御旅抱關擊柝而不自以爲寡，故曰：斬（劉台拱曰斬讀如儳說文「儳儳互不齊也」）而齊，枉而順，不同而一。』（榮辱）

荀子所謂度量分界：（一）貴賤，（二）貧富（王制篇所說），（三）長幼，（四）知愚，（五）能不能。以爲人類身分境遇年齡材質上萬有不齊，各應於其不齊者以爲物質上享用之差等，是謂「各得其宜」，是謂義。將此義演爲公認共循之制度，是謂禮。荀子以爲持此禮義以治天下，則

『以治情則利，以爲名則榮，以羣則和，以獨則足。』（榮辱）

是故孔子言禮專主「節」（論語所謂不以禮節之亦不可行）；荀子言禮專主「分」。荀子以爲只須將禮制定，敎人「各安本分」，則在社會上相處，不至起爭奪（以羣則和）。爲個人計，亦可以知足少惱（以獨則足）。彼承認人類天然不平等，而謂各還其不平等之分際，斯爲眞平等。故曰：『維齊非齊。』然則荀子此說之價值何如？曰：長幼知愚能不能之差別，吾儕絕對承認之；至於貴賤貧富之差別，非先天所宜有，其理甚明。此差別從何而來？惜荀子未有以告吾儕。推荀子之意，自然謂以知愚能不能作貴賤貧富之標準。此說吾儕固認爲合理，然此合理之標準何以能

實現？惜荀子未能予吾儕以滿意之保障也。以吾觀之，孔子固亦主張差等，然其所謂差等者與後儒異。孔子注重「親親之殺，」即同情心隨其環距之遠近而有濃淡強弱，此爲不可爭之事實，故孔子因而利導之。若夫身分上之差等，此爲封建制度下相沿之舊，孔子雖未嘗竭力排斥，然固非以之爲重。孔門中子夏一派，始專從此方面言差等，而荀子更揚其波。禮論篇中歷陳天子應如何，諸侯應如何，大夫應如何，士應如何，庶人應如何。戴記中禮器、郊特牲玉藻……等篇，皆同此論調，斷斷於貴賤之禮數，其書出荀子前抑出其後，雖未能具斷，要之皆荀子一派之所謂禮，與孔子蓋有間矣。

荀子生戰國末，時法家已成立，思想之互爲影響者不少，故荀子所謂禮，與當時法家所謂法者，其性質實極相逼近。荀子曰：

『禮豈不至矣哉！立隆以爲極，而天下莫之能損益也。……故繩墨誠陳矣，則不可欺以曲直；衡誠縣矣，則不可欺以輕重；規矩誠設矣，則不可欺以方圓；諸子審於禮，則不可欺以詐僞。故繩者直之至，衡者平之至，規矩者方圓之至，禮者人道之極也。』（禮論）

法家之言曰：『有權衡者不可欺以輕重，有尺寸者不可差以長短，有法度者不可誣以詐僞。』（馬總意林引愼子）兩文語意若合符節。不過其功用一歸諸禮、一歸諸法而已。究竟兩說誰是邪？吾甯取法家。何也？如荀子說，純以計較效率爲出發點，既計效率，則用禮之效率不如用法。吾敢昌言也，法度嚴明，詐僞不售，吾能信之。謂『審禮則不可欺以詐，』則禮之名義爲人所盜用，飾貌而無實者，吾儕可以觸目而舉證矣。故荀子之言，不徹底之言也。愼子又曰：『一兎走，百人追之。積兎於市，過而不顧。非不欲兎，分定不可爭也。』荀子之以分言禮，其立脚點正與此同。質言之，則將權力之爭奪，變爲權利之認定而已。認定權利以立度量分界，洵爲法治根本精神。揆諸孔子所謂『道之以德，齊之以禮』者，恐未必然也。

復次，禮爲合理的習慣，前既言之矣。欲使習慣常爲合理的，非保持其彈力性不可。欲保持其彈力性，則不容有固定之條文。蓋必使社會能外之順應環境，內之濬發時代心理，而隨時產出「活的良習慣，」夫然後能合理。其機括在個性與個性相摩，而常有偉大人物，出其人格以爲羣眾表率，羣眾相與風而習焉（註一〇）。反是則『眾以爲殃，』斯則所謂禮矣。易傳曰：『通其變，使民不倦，神而化之，使民宜之。』惟「不倦」故「宜」，此禮之所以可尊也。荀派之言禮也不然，其說在『立隆以爲極，而天下莫之能損益。』吾聞之孔子矣，『殷因於夏禮，所損益可知也，周因於殷禮，所損益可知也。』（論語）未聞以莫能損益爲禮之屬性也。荀派所以以此言禮者，蓋由當時法家者流，主張立固定之成文法以齊壹其民，其說壁壘甚堅，治儒術者不得不提出一物焉與之對抗，於是以己宗夙所崇尙之禮充之，於是所謂『禮儀三百威儀三千』者，遂成爲小儒占畢墨守之寶典，相與致謹於繁文縟節，兩戴記所討論之禮文，什九皆此類也。他宗非之曰：『累壽不能盡其學，當年不能究其禮，』（墨子非儒篇）豈不以是耶！吾儕所以不滿於法治主義者，以其建設政治於「機械的人生觀」之上也。如荀派之所言禮，則其機械性與法家之法何擇？以大清通禮、比大清律例、大清會典，吾未見通禮之彈力性能強於彼兩書也，等是機械也。法恃國家制裁，其機械力能貫徹；禮恃社會制裁，其機械力不貫徹。故以荀派之禮與法家之法對抗，吾見其進退失據而已。要而論之，無論若何高度之文化，一成爲結晶體，久之必殭腐而蘊毒。儒家所以不免有流弊爲後世詬病者，則由荀派以「活的禮」變爲「死的禮」使然也。雖然，凡荀子之言禮，仍壹歸於化民成俗，與孔子提高人格之旨不戾，此其所以爲儒也。

儒家言禮，與樂相輔，二者皆陶養人格之主要工具焉。荀子言樂，精論最多（註一一），善推本於人情而通之於治道，其言曰：

『夫樂者樂也，人情之所必不免也，故人不能無樂。樂則必發於聲音，形於動靜，……形而不爲道，則不能無亂。先王惡其亂也，故制雅頌之聲以道之，使其聲足以樂而不流，使其文足以辨而不諰，使其曲直繁省廉肉節奏足以感動人之善心，使夫邪汙之氣無由得接焉。……

凡姦聲感人而逆氣應之，逆氣成象而亂生焉。正聲感人而順氣應之，順氣成象而治生焉。……故樂行而志淸，……耳目聰明，血氣和平，移風易俗，天下皆寧，美善相樂。故曰樂者樂也，君子樂得其道，小人樂得其欲。……故樂者所以道樂也。……樂行而民鄉方矣。』（樂論）

此言音樂與政治之關係，可謂博深切明。『美善相樂』一語，實爲儒家心目中最高的社會人格

（註一二），社會能如是，則天下之平，其眞猶運諸掌也。故儒家恆以教育與政治併爲一談，蓋以爲非教育則政治無從建立，既教育則政治自行所無事也。

第八章　道家思想（其一）

道家哲學，有與儒家根本不同之處。儒家以人爲中心，道家以自然界爲中心。儒家道家皆言「道，」然儒家以人類心力爲萬能，以道爲人類不斷努力所創造，故曰：『人能弘道，非道弘人。』道家以自然界理法爲萬能，以道爲先天的存在，且一成不變，故曰：

『人法地，地法天，天法道，道法自然。』（老子）

道何自來耶？彼宗以爲：

『有物混成，先天地生，寂兮寥兮，獨立不改，周行而不殆，可以爲天下母，吾不知其名，字之曰道。』（老子）

道不惟在未有人類以前，而且在未有天地以前，早已自然而然的混成。其性質乃離吾儕而獨立，且不可改。因此之故，彼宗以爲以人類比諸道所從出之「自然，」則人實極么麼且脆弱。故曰：

『吾在天地之間，猶小石小木之在大山也。』（莊子秋水篇）

此天地間么麼脆弱之人類，只能順著自然界——最多不過補助一二，而不能有所創造。故老子曰：

『以輔萬物之自然而莫敢爲。』

韓非子引喩以釋之曰：

『宋人有爲其君以象爲楮葉者，三年而成。豐殺莖柯，毫芒繁澤，亂諸楮葉之中而不可別也，此人遂以功食祿於宋邦。列子聞之曰：「使天地三年而成一葉，則物之有葉者寡矣。」故不乘天地之資，而載一人之身；不隨道理之數，而學一人之智，此皆一葉之行也。故多耕之稼，后稷不能羨也；豐年大禾，臧獲不能惡也。以一人力，后稷不足；隨自然則臧獲有餘。故曰：「恃萬物之自然而不敢爲」也。』（喩老）

此論正否認人類之創造能力，以爲吾人所自詫爲創造者，其在自然界中，實眇小不足齒數。以吾觀之，人類誠不能對於自然界有所創造，其所創造者乃在人與自然界之關係及人與人之關係。雖然，彼宗不承認此旨，蓋儒家以宇宙爲「未濟」的，刻刻正在進行途中，故加以人工，正所以「弘道。」道家以宇宙爲已「混成」的，再加人工，便是毀壞他。故老子曰：

『爲者敗之，執者失之。』

莊子設喩曰：

『南海之帝爲儵，北海之帝爲忽，中央之帝爲渾沌，儵與忽時相與遇於渾沌之地，渾沌待

之甚善。儵與忽謀報渾沌之德曰：人皆有七竅以視聽食息，此獨无有，嘗試鑿之，日鑿一竅，七月而渾沌死。』（應帝王）

彼宗認「自然」爲絕對的美，絕對的善。故其持論正如歐洲十九世紀末盧梭一派所絕叫的『復歸於自然。』其哲學上根本觀念既如此，故其論人生也，謂：『含德之厚，比於赤子，……骨弱筋柔而握固，……精之至也；終日號而不嗄，和之至也。』（老子）此言箇人之「復歸於自然」的狀態也。其論政治也，謂：

『民莫之令而自正。』（老子）

此與儒家所言『子率以正，孰敢不正』正相針對。又謂：

『我無爲而民自化，我好靜而民自正，我無事而民自富，我無欲而民自樸。』（老子）

此與儒家所言『上好禮則民莫敢不敬，……』『君子篤於親則民與於仁，……』等語，其承認心理感召之效雖同，然彼爲有目的選擇，此爲無成心的放任，兩者精神乃大殊致。道家以爲必在絕對放任之下，社會乃能復歸於自然，故其對於政治，極力的排斥干涉主義。其言曰：

『馬蹄可以踐霜雪，毛可以禦風寒，齕草飲水，翹足而陸（司馬彪云陸跳也），此馬之眞性也。雖有義臺路寢，無所用之。及至伯樂曰：「我善治馬，」燒之，剔之，刻之，雒之，連之以羈馽，編之以皁棧，馬之死者十二三矣。飢之，渴之，馳之，驟之，整之，齊之，前有橛飾之患，而後有便筴之威，而馬之死者已過半矣。陶者曰：「我善治埴，圓者中規，方者中矩；」匠人曰：「我善治木，曲者中鉤，直者應繩。」夫植木之性，豈欲中規矩鉤繩哉？然且世世稱之曰：「伯樂善治馬，而陶匠善治埴木。」此亦治天下者之過也。』（莊子馬蹄篇）

『齕草飲水，翹足而陸，』此爲馬之自然狀態。伯樂治馬，則爲反於自然。陶匠之於埴木也亦然。道家以人類與馬及埴木同視，以爲只要無他力以撓之，則其原始的自然狀態，便能永遠保存。其理想的人類自然社會如下：

「小國寡民，使有什伯之器而不用，使民重死而不遠徙，雖有舟輿，無所乘之，雖有甲兵，無所陳之。使人復結繩而用之，甘其食，美其服，安其居，樂其俗，鄰國相望，鷄犬之聲相聞，民至老死不相往來。』（老子）

然則現社會何故不能如此耶？道家以爲：

『罪莫大於可欲，禍莫大於不知足，咎莫大於欲得。』（老子）

救之之法，惟有：

『見素抱朴，少私寡欲。』（老子）

惟有

『常使民無知無欲。』（老子）

然則人性究以「不知足」「欲得」爲自然耶？抑以「知足」「不欲得」爲自然耶？換言之，

人類自然狀態究竟有私、有知、有欲耶？抑本來無知，少私、寡欲耶？道家之指，乃大反於常識之所云。彼蓋以未鑿竅之渾沌爲人類自然狀態，則無知、無私、無欲，其本來矣。然則本來無知、無私、無欲之人，何故忽然有知、有私欲、且多私欲耶？彼宗分兩層答此問題。第一層、謂由自然界之物質的刺戟，所謂：

『五色令人目盲，五音令人耳聾，五味令人口爽。』（老子）

曷由使之復歸於自然耶？曰：

『不見可欲，使民心不亂。』（老子）

第二層、謂由人事界之政治的或社會的誘惑及干涉，所謂：

『天下多忌諱而民彌貧；民多利器，國家滋昏；人多伎巧，奇物滋起；法令滋彰，盜賊多有。』（老子）

曷由使之復歸於自然耶？曰：

『絕聖棄知，大盜乃止；擿玉毀珠，小盜不起；焚符破璽，民乃朴鄙；掊斗折衡，而民不爭。』（莊子胠篋篇）

質言之，吾儕所謂文明或文化者，道家一切悉認爲罪惡之源泉。故文字、罪惡也，智識、罪惡也，藝術、罪惡也，禮俗、罪惡也，法律、罪惡也，政府、罪惡也。乃至道德條件，皆罪惡也。然則彼宗對於政治究作何觀念耶？彼之言曰：

『常有司殺者殺，夫代司殺者殺，是謂代大匠斲夫！代大匠斲者，希有不傷其手者矣。』（老子）

彼宗蓋深信「自然法」萬能。儒家亦尊自然法，但儒家言『天工人其代之，』謂自然法必藉「人」而後能體現也。而彼宗則以自然爲不容人代也，故又曰：

『聞在宥天下，未聞治天下也。在之也者，恐天下之淫其性也。宥之也者，恐天下之遷其德也。天下不淫其性，不遷其德，有治天下者哉？』（莊子在宥篇）

「在宥」云者，使民絕對自由之謂也。曷爲能使民絕對自由？釋以俗語則曰「別要管他。」文言之則曰「無爲。」故曰：

『滌除玄覽，能無疵乎！愛民治國能無知乎！天門開闔，能無雌乎！明白四達，能無爲乎！』（老子）

彼宗於是分治術爲數等，曰：

『上德（案上同尚）無爲而爲以爲」（案據韓非子解老篇「以」字當爲「不」字之譌）。上仁、爲之而無以爲；上義、爲之而有以爲；上禮、爲之而莫之應，則攘臂而扔之。故失道而後德，失德而後仁，失仁而後義，失義而後禮。』（老子）

其意謂上德者，以無爲爲爲也。上仁者，無所爲而爲。上義者，有所爲而爲。上禮者，則爲其所不能爲也。彼又將人民對於此四種治術所起之反應列爲等第曰：

『太上、下不知有之；其次、親而譽之；其次、畏之；其次、侮之。』（老子）

所云太上，蓋指尙德者。其次、其次……則尙仁、尙義、尙禮者，而尙德之治，結果則：

『功成事遂，百姓皆謂我自然。』（老子）

此卽政治上之復歸於自然也。百姓各自謂此我之自然而然，而不知有其上，此爲道家之理想的政治。質言之，卽「無治主義」也。道家以彼宗之哲學爲出發點，以至政治上得此種結論。今請評其得失。

道家之大惑，在以人與物同視：『齕草飮水，翹足而陸，』誠爲馬之自然的狀態。世苟無治馬之伯樂，則馬必能長保此狀態，而馬卽常得其所，此吾儕所絕對承認也。顧所當注意者，馬中無伯樂，而伯樂非馬，伯樂乃立乎「馬的全體」之外，而傷害馬的「自然之樸」，人類何如耶？處此自然狀態中（指道家所謂自然狀態言耳）者固「人」，厭此自然狀態，壞此自然狀態者亦「人」也。且人究以何者爲其自然狀態耶？彼宗之說以『埴木之性，不欲中規矩鉤繩，』喩「人之性不欲中；……」然埴與木固確然無知無欲也，中規矩鉤繩，乃「陶者匠者」之欲，人類何如耶？人性確欲「中，……」「中……」而非有立乎其外如「陶者匠者」者強之使「中。」他勿具論，卽彼老子、莊子，豈非自欲「中」其「無欲無爲之規矩鉤繩，」且欲人人皆中此規矩鉤繩者哉？誰歟爲陶匠以矯揉老莊之自然而使之「中」此者，故知「不欲中規矩鉤繩」者，爲埴木之性之自然（？），欲如何欲如何者，正乃人性之自然也。而彼宗必欲反此自然、滅此自然，則虐馬之伯樂，矯揉埴木之陶匠，非他宗而彼宗也。質言之，則戕賊自然者莫彼宗若也。彼宗謂有欲爲非自然的，然「欲」之從何來？則第一層指爲受自然界之刺戟，如所謂『五色令人目盲……』云云者。夫自然界之有五色聲味，自然界之自然狀態也。人類之有耳目舌，又人類之自然狀態也。今謂色聲味戕賊耳目舌，豈非自然戕賊自然耶？欲使彼自然勿戕賊此自然，其術乃在『不見可欲，使民心不亂。』殊不知能見可欲者乃目之自然，能見而使之不見，孰自然，孰不自然耶？荀子曰：

『今使人生而未嘗睹芻豢稻粱也，惟菽藿糟糠之爲睹，則以至足爲在此也。俄而粲然有秉芻豢稻粱而至者，則瞲然視之曰：「此何怪也？」彼臭之而無嗛於鼻，嘗之而甘於口，食之而安於體，則莫不棄彼而取此矣。』（榮辱篇）

此即見可欲而心亂之說也。夫此正乃人類自然狀態之所不能避者也。而「明自然」之彼宗乃欲杜滅之，何也？彼宗論「欲」之第二來源，歸諸人爲的誘惑，謂假使無「芻豢稻粱，」則終無以奪「糠糟菽藿。」斯或然也，殊不思「芻豢稻粱」非由天降，非由地出，非彼自出，人實好之。質言之，凡「人爲」云者，皆「人」所爲也。人能有所爲，且不能不有所爲，即人之自然狀態也。彼言『絕聖棄智，民利百倍；』『法令滋彰，盜賊多有。』夫人之能爲聖智法令也，猶其能爲芻豢稻粱也，皆其自然。彼言『剖斗折衡而民不爭，』夫人能爭，人能爲斗衡以求免爭，人又能爭於斗衡之中，皆其自然，而「明自然」之彼宗乃欲杜滅之何也？

要而論之，彼宗不體驗人生以求自然，乃以物理界或生物界之自然例人生之自然，於是欲以人所能弘之道弘人，結果處處矛盾而言之不復能成理。此眞莊子所謂『其所謂道者非道，而所言之韙不免於非』（天下篇）也。孟子曰：『生於其心，害於其政，發於其政，害於其事。』道家旣否定人類有創造性能，且認人爲文化皆爲罪惡，然而事實上人類終不能以彼宗所謂「無爲」者爲常態也。則如之何？曰：吾姑爲消極受動的「爲，」不爲積極自動的「爲，」其秘訣在：

『不敢爲天下先。』（老子）

在：

「以天下之至柔馳騁乎天下之至剛。」（老子）

莊子嘗總述老子學說之要點曰：

『知其雄，守其雌，爲天下谿。知其白，守其黑，爲天下谷。人皆取先，己獨取後，曰受天下之垢。人皆取實，己獨取虛，无藏也故有餘，巋然而有餘。其行身也，徐而不費；无爲也而笑巧。人皆求福，己獨曲全，曰苟免於咎。……曰堅則毀矣，銳則挫矣。……』（天下篇）

莊子書中言此意者亦最多，如：

『今之大冶鑄金，金踊躍曰：『我且必爲鏌鋣，』大冶必以爲不祥之金。……』（大宗師篇）

如

『……是不材之木也，無所可用，故能若是之壽。』（人間世篇）

此等論調，其病仍在混人物爲一談。吾儕爲金耶，爲木耶？誠宜如此。雖然，吾儕人也，使人性果能爲莊子所謂「祥金」與「不材之木，」亦曷嘗非善事。然而不能，——以反於自然狀態，故不能。不能而以此導之，結果徒教取巧者以藏身之固耳。『子路問政，子曰先之。……』此與彼宗『不敢爲天下先』之義最相反者也（註一三）。易傳言：『君子以自強不息。』中庸言：『不變塞焉，強哉矯！』孟子言：『浩然之氣，至大至剛。』此與彼宗『柔弱勝剛強』之義最相反者也。欲以人弘道耶，非有爲之先者不可，非剛強不可。而道家以爲是不「毀」則「挫。」而惟當『不爲先』以『曲全，』而『苟免於咎。』吾儕誠不解『曲全免咎』在人生中有何意義、有何價值！而宇宙間從何處有不毀不挫之事物？又豈直堅與銳而已！故彼宗之說，徒獎厲箇人之怯懦巧滑的劣根性，而於道無當也。嗚呼！此種學說，實形成我國民性之主要部分，其影響於過去及將來之政治者非細也。

然則道家思想竟無價值耶？是又不然。其一、彼宗將人類缺點，無容赦的盡情揭破，使人得反省以別求新生命，彼宗之言曰：

『大道廢，有仁義；慧智出，有大僞；六親不和，有孝慈；國家昏亂，有忠臣。』（老子）

又曰：

『爲之斗斛以量之，則並與斗斛而竊之；爲之權衡以稱之，則並與權衡而竊之；……爲之

仁義以矯之，則並與仁義而竊之。……彼竊鉤者誅，竊國者爲諸侯。諸侯之門而仁義存焉，是非竊仁義聖知耶！』（莊子胠篋篇）

彼宗固極力詛呪文明者也（註一四）。然文明之本質，孰敢謂其中不含有宜詛呪者存？古今來人類所謂文明，大部分皆爲擁護強者利益之工具，此其宜詛呪者一也。卽不爾；而文明成爲結晶體之後，流弊必滋。故曰：『水積則生相食之魚，土積則生自穴之獸，禮義飾則生僞匿之本。（淮南子齊俗訓）凡爛熟之文明，必流爲形式的以相率於僞，此其宜詛呪者二也。道家對於此等毒害之文明，揭破其假面目，高叫赤裸裸的『自然』一語以逼之，使如湯沃雪，實刷新人心之一良劑也。夫自然主義之爲物，能使人懷疑煩悶乃至洶懼而失其所守，或益招社會之混亂，此徵諸近代之歐洲而最易見者也。雖然，此如藥經瞑眩，乃可以瘳疾。故刷新人心以求第二期之創造，必以此爲驅除難焉，此卽道家學說之價値也。

其二、道家最大特色，在擲卻卑下的物質文化，去追尋高尙的精神文化；在教人離開外生活以完成其內生活。此種見解，當時最流行之儒墨兩家皆不如此說，而實爲道家所獨有。精神文化與內生活究是何物？道家所言是否得其眞，此屬別問題。但此爲人生最高目的，吾人決當向此路進行，此吾所絕對承認毫不遲疑者也。離卻外生活有內生活，在常識上幾無從索解。吾儕亦深信此種生活不能適用於一般人——不能作爲社會敎育或政治的一種標幟，但吾儕不謂此事爲不可能。蓋人類之自由意志，吾儕雖不敢指爲萬能，然確信其力之偉大實不可思議。自己欲作何種生活，最少可以憑自己意力作一大半主。故將物質生活減殺至最低限度，而將精神生活發育到最高限度，人類實有此可能性。道家觀察人生之出發點，謂

『其耆欲深者，其天機淺。』（莊子大宗師篇）

救治之法在：

『去甚、去奢、去泰。』（老子）

『為道日損，損之又損，以至於無為，無為而無不為。』（老子）

其理想的人生，則

『生而不有，為而不恃，長而不宰。』（老子）

謂信能如此，則

『既以為人，己愈有；既以與人，己愈多。』（老子）

此種生活，不以生活為達任何目的之手段，生活便是目的。換言之，則為生活而生活，——為學問而學問，為勞作而勞作。再換言之，則一切皆「無所為而為。」再換言之，則將生活成為藝術化。夫生活成為藝術化，則眞所謂『既以為人，己愈有；既以與人，己愈多』矣。此種生活，雖非盡人而能，然智慧愈多者，其可能性愈大，則甚章章也。天下之大患，在有智慧之人躭溺於私欲，日出其智慧以擴張其谿壑無厭的物質生活，於是所產生劣等文化愈豐，而毒害社會亦愈甚。道家欲救此病，故以『見素抱樸，少私寡欲』為教，其哲學基礎在此，其政治思想基礎亦

在此。此果爲復歸於自然耶?吾不敢承。吾以爲老子、莊子所活動之遺跡,與其主義矛盾,彼輩實努力爲「反自然的創造,」而所創造者,則人類極有價值的作品也。

第九章　道家思想(其二)

老子輩所倡此種自然主義,其本質固含有「個人的」、「非社會的」、「非人治的」傾向,故其末流乃生四派:

一　順世的個人主義、代表者　楊朱。

二　遁世的個人主義、代表者　陳仲。

三　無政府主義、代表者　許行。

四　物治主義、代表者　愼到。

第一、楊朱與墨翟齊名,其言盈天下。孟子、莊子書中屢稱之,而著述言論無傳焉。其學說有一最鮮明之旗幟,曰「爲我。」卽孟子所稱:

『楊子取爲我,拔一毛而利天下,不爲也。』

此外則東晉晚出之僞列子八篇,其第七篇題曰「楊朱,」述朱說頗詳。吾儕雖不敢具信爲眞,但其中一部分容或出自古籍而爲作僞者所采入。今姑據之以觀此一派的面目。如僞列子之說，則楊朱哲學根本觀念，在感人生之無常，而務當時之適意。其言曰：

『太古之人，知生之暫來，死之暫往，故從心而動，不違自然。……從性而遊，不逆萬物。……

然則所謂從心而動者何如？彼以為：

『肆之而已。勿壅、勿閼。……恣耳之所欲聽，恣目之所欲視，恣鼻之所欲向，恣口之所欲言，恣體之所欲安，恣意之所欲行。』

此其為道，若與老子『去奢、去泰、少私、寡欲』之旨相反。但以言自然主義耶，必如楊朱，乃眞為赤裸裸的徹底的自然。若老莊乃正吾所謂「反自然」者也。然則此派對於政治之為物作何感想耶？論理此種極端的個人主義，其性質是純然「非政治的。」雖然，吾國哲學家，從未有肯拋棄政治問題不談者。楊朱篇有託為子產之兄弟與子產談治道之一段曰：

『夫善治外者，物未必治，而身交苦；善治內者，物未必亂，而性交逸。以若之治外，其法可暫行於一國，未合於人心；以我之治內，可推之於天下，君臣之道息矣。』

其意不外排斥干涉主義，以為只要人人絕對的自由，天下自然太平。故曰：

『損一毫利天下，不與也。悉天下奉一身，不取也。人人不損一毫，人人不利天下，天下治矣。』

此說從何處得哲學上根據耶？彼之言曰：

『智之所貴，存我爲貴。力之所賤，侵物爲賤。然身非我有也，既生不得不全之。物非我有也，既有不得不（案此字據下文當衍）去之。……雖全生身，不可有其身。雖不去物，不可有其物。有其物，有其身，是橫私天下之身。橫私天下之物……公天下之身。公天下之物，其唯至人矣。』

其意以爲人類乃自然界之一物，以自然界其他之物養此物以終其天年，實際上並無所謂自私焉。此派論調，純屬所謂「頽廢思想，」誠無深辨之價值。然極端的自然主義，結果必產此種思想；且在彼必能言之有故，持之成理，故克與儒墨三分天下也。

第二、陳仲子，亦稱田仲。孟子同時人，荀子以之與史鰌並稱，列於「十二子」之一。蓋亦當時一有力之學者。據孟子所說：

『仲子、齊之世家也。兄戴，蓋祿萬鍾。以兄之祿爲不義之祿而不食也。以兄之室爲不義之室而不居也。避兄離母，處於於陵。』

『居於陵，三日不食，耳無聞，目無見也。井上有李，螬食實者過半矣，匍匐往、將食之，三咽然後耳有聞，目有見。』

『仲子所居之室，所食之粟，彼身織屨、妻辟纑以易之。』（滕文公下）

陳仲之學，固不必純出道家。然彼與齊王同姓，實當時一烜赫之貴族。而其生活如此，必有極深刻之人生觀存焉。彼蓋將物質生活尅減至最低限度、以求有所養也。其生活方式，與楊朱一派正相反。然其爲極端的個人主義則一也。故荀子非之曰：

『忍情性，綦谿利跂，苟以分異人爲高，不足以合大衆，明大分。』（非十二子）

言其爲非社會的生活，不足以合羣也。韓非子亦言：『田仲不恃仰人而食。』可知彼蓋以「各人只許享用自己勞作之結果」爲教。就他宗觀之，正所謂『離居不相待則窮』矣。故趙威后問齊使亦云：

『於陵仲子尙存乎？是其爲人也，上不臣於王，下不治其家，中不索交諸侯，此率民而出於無用者，何爲至今不殺耶？』（戰國策趙策）

可見此派學說，在當時頗有勢力，故能動異國之君之問。而亦以非社會的生活故，故以「無用」爲時流所惡也。

第三、當時有明目張膽主張無政府主義者，其代表人物曰許行。許行與孟子同時，其學說略見孟子書中。

『有爲神農之言者許行，自楚至滕，踵門而告文公曰：「遠方之人，聞君行仁政，願受一廛而爲氓。」文公與之處，其徒數十人，皆衣褐，捆屨織席以爲食。陳良之徒陳相，……見許行而大悅，盡棄其學而學焉。陳相見孟子，道許行之言曰：「滕君則誠賢君也。雖然，未聞道也。賢者與民並耕而食，饔飧而治。今也滕有倉廩府庫，則是厲民而以自養也，惡得賢。」』（滕文公下）

漢書藝文志將此派列於九流之一，號爲「農家。」且評之曰：

『以爲無所事聖王，欲使君臣並耕，誖上下之序。』

此派蓋兼受道墨兩家之影響。其主張個人刻苦似墨家，然墨家認強有力之政府爲必要，此派不然。其所理想之社會，正如老子所稱『小國寡民……』云云也。其宗旨在絕對的平等，人人自食其力，——各以享用自己勞作之結果爲限，無上下貴賤之分。老子曰：『民之饑，以其上食稅之多，是以饑。』許子宗此義，故以有倉廩府庫爲厲民自養，結論要歸諸無政府。

許子不惟要人平等也，並物亦要平等，其言曰：

『從許子之道，則市賈不二，國中無僞，雖使五尺之童適市，莫之或欺。布帛長短同，則價相若；麻縷絲絮輕重同，則價相若；五穀多寡同，則價相若；屨大小同，則價相若。』

此其說甚奇特，彼蓋專計量而不計質。布與帛本不同價也，彼但問長短同不同、而不問其爲布爲帛；稻粱與芓菽本不同價也，彼但問多寡同不同、而不問其爲稻爲菽。若此者，吾得名之曰「齊物主義。」其理論出發於老子所謂『不貴難得之貨，使人不爲盜。』欲以物觀的準則，改變人類貴帛賤布……之心理，彼以爲物之價值有貴賤，非物自性，由人命之耳。能滅人類所謂貴賤之觀念，則物固夷然平等也。孟子斥之曰：『夫物之不齊，物之情也。或相倍蓰，或相什伯，或相千萬，子比而同之，是亂天下也。』孟子所駁，固合於常識，然離卻人類之主觀而云『物之不齊爲物之情，』其能否遂使許行折服，又爲別問題矣。

第四、史記以老莊申韓同傳，後人往往疑其不倫，其實不然。韓非子、世共認爲法家之集大成者也。而其書有解老、喻老等篇。淮南子、道家言之淵府也，而書中主張法治者最多。蓋道法二家，末流合一，事實昭然也。夫以尊自由、宗虛無之道家，與主干涉綜覈名實之法家，其精神若絕不相容，何故能結合以治諸一爐耶？此研究古代學術最重要且最有趣之一問題也。以吾觀之，兩宗有一共同之立脚點焉，曰「機械的人生觀」。道家認宇宙爲現成的，宇宙之自然法，當然亦爲現成的。人類則與萬物等夷，同受治於此種一定的因果律之下，其結果必與法家所謂法治思想相契合而治爲一，有固然也。就中有一人焉，其學說最可以顯出兩宗轉捩關鍵者，曰愼到。愼子四十二篇，漢書藝文志列諸法家，今其書已佚，由後人集成五篇。此人爲法家開宗之人，殆學者所同認也。然而莊子天下篇述其學說概略。則云：

『彭蒙、田駢、愼到，……齊萬物以爲首。……知萬物皆有所可、有所不可，故曰：選則不徧，教則不至，道則無遺者矣。……是故愼到棄知去己而緣不得已。泠汰（鄭注泠汰猶聽放也）於物以爲道理。……椎拍輐斷，與物宛轉，舍是以非。苟可以免，不師知慮，不知前後，魏然而已矣。推而後行，曳而後往，若飄風之還，若羽之旋，若磨石之隧，全而無非，動靜無過，未嘗有罪，是何故？夫無知之物，無建己之患，無用知之累，動靜不離於理，是以終身無譽。故曰。至於若無知之物而已，無用賢聖。夫塊不失道，豪桀相與笑之曰：愼到之道，非生人之行而至死人之理，適得怪焉。』

觀此則愼到哲學根本觀念全出道家甚明。老子敎人如嬰兒，莊子敎人『支離其形，支離其德。』如祥金、如山木。愼子更徹底一番，敎人如土塊，『非生人之行而至死人之理，』其意蓋謂必撤銷所謂人格者，以合乎『無知之物，』然後乃與自然相肖。換言之，則不爲人的生活而爲物的生活。更進一步，則不爲生活的而爲非生活的而已。彼以爲「建己用知」者，恃人類主觀的智能，其勢必有所窮，而且決不能正確。故必「棄知去己，」尊尙客觀的「無知之物，」然後其用不匱，此義云何？愼子曰：

『措鈞石，使禹察之，弗能識也。懸於權衡，則氂髮識矣。』

鈞石權衡，皆「無知之物，」而其效力能比聖智之禹尤強，此卽「物治主義」之根本精神也。其應用於政治，自然是舍人取法，故愼子又曰：

『有權衡者不可欺以輕重；有尺寸者不可差以長短；有法度者不可巧以詐僞。』

蓋機械觀的論理，勢不能不歸宿到此點也。此與儒家『以己度』之仁恕主義，正成兩極端，而於道家精神則一貫。明乎此義然後乃知老子所謂『無爲而無不爲』者作何解。夫權衡尺寸，固常無爲也，而常無不爲也，如其「人」也，旣無爲何以能無不爲？旣無不爲何以復謂之無爲耶？吾以爲道法兩家溝通之脈絡全在此。其詳當於記述法家時更言之。

第十章　墨家思想（其一）

墨家唯一之主義曰「兼愛。」孟子曰：『墨子兼愛，摩頂放踵利天下爲之。』此語最能道出墨家全部精神。兼愛之理論奈何？墨子曰：

『聖人以治天下爲事者也，不可不察亂之所自起。當（通嘗）察亂何自起？起不相愛。……子自愛、不愛父，故虧父而自利；弟自愛、不愛兄，故虧兄而自利；臣自愛、不愛君，故虧君而自利。……雖父之不慈子，兄之不慈弟，君之不慈臣，……皆起不相愛。……盜愛其室、不愛其異室，故竊異室以利其室；賊愛其身、不愛人，故賊人以利其身；……大夫各愛其家、不愛異家，故亂異家以利其家；諸侯各愛其國、不愛異國，故攻異國以利其國。』（兼愛上）

此言人類種種罪惡，皆起於自私自利。能改易其自私自利之心，則罪惡自滅。改易之道奈何？墨子曰：

『非人者，必有以易之。若非人而無以易之，……其說將必無可焉。是故子墨子曰：「兼以易別。」……吾本原兼之所生，天下之大利者也。吾本原別之所生，天下之大害者也。以兼爲正，是以聰耳明目，相與視聽乎；是以股肱畢強，相爲動宰乎。而有道肆相敎誨。

是以老而無妻子者，有所持養以終其壽；幼弱孤童之無父母者，有所放依以長其身。……』(兼愛下)。

此種論調，驟視若與儒家無甚異同，其實不然，墨子以「別」與「兼」對，若儒家正彼所斥爲「別士」者也。兼與別之異奈何？儒家專主『以己度，』因愛己身，推而愛他人；因愛己家，推而愛他家；因愛己國，推而愛他國。有「己」則必有「他」以相對待。己與他之間，總不能不生差別，故有所謂『親親之殺、尊賢之等；』有所謂『度量分界。』墨家以此種差別觀念爲罪惡根原，以爲既有己以示「別」於他，一到彼我利害衝突時，則以彼供我犧牲，行將不恤。墨家謂以此言愛，其愛爲不徹底。彼宗之言愛也，曰：

『愛人、待周愛人，然後爲愛。不愛人、不待周不愛人，不周愛，因爲不愛人矣。』(小取)

彼所云愛，以平等周徧爲鵠。差別主義，結果必至有愛有不愛。彼宗以爲此即「兼相愛」的反面，對於一部分人類成爲「別相惡。」故曰：『本原別之所生，天下之大害。』然則彼所理想之兼相愛的社會如何？彼之言曰：

『視人之室若其室，誰竊？視人之身若其身，誰賊？視人之家若其家，誰亂？視人之國若其國，誰攻？』(兼愛上)

兼愛主義之內容大略如此，其陳義不可謂不高。然此遂足以駕儒家而上耶？吾恐不能。彼宗若能將吾身與人身、吾室與人室，……相對待之事實根本剷除，則彼所持義當然成立。但果爾爾者，又無待彼之陳義矣。事實上既已有其室、且有人之室，有其身、且有人之身，而猥曰「視若視若」云云，人類觀念之變易，果若是其易易乎？或難墨子曰：『卽善矣。雖然，豈可用哉？』墨子毅然答曰：『用而不可，雖我亦將非之。焉有善而不可用者』（兼愛下）

墨家論善惡，向來皆以有用無用爲標準，以爲善的範圍與有用的範圍，定相脗合，故其答案堅決如此。然則墨子究以何種理論證明此種兼愛社會之決能實現耶？彼答案甚奇，乃以人類利己心爲前提，其言曰：

『吾不識孝子之爲親度者，亦欲人愛利其親與？意欲人之惡賊其親與？以說觀之，卽（同則）欲人之愛利其親也。然卽（同則），吾惡（同何）先從事卽（同乃）得此。若我先從事乎愛利人之親，然後人報我以愛利吾親乎？意我先從事乎惡賊人之親，然後人報我以愛利吾親也？……大雅之所道曰：「無言而不讎，無德而不報。投我以桃，報之以李。」此言愛人者，必見愛也。而惡人者，必見惡也。』（兼愛下）

此論甚平正，與儒家所言「恕度」殆無異。所異者，儒家專從無所爲而爲的同情心出發（如孟子言見孺子將入於井一段）；墨家專從計較利害心出發耳。此當於次節別論之。今所欲質墨子者，似彼所言之心理狀態，兼耶、別耶？假令愛利有實際不能兼施之時，——例如凶歲，二老飢欲死，其一吾父，其一人之父也，墨子得飯一盂，不能「兼」救二老之死，以奉其父耶，以奉人之父耶？吾意「爲親度」之墨子，亦必先奉其父矣。信如是也，則墨子亦「別士」也。如其不然，而曰吾父與人父等愛耳，無所擇。則吾以爲孟子『兼愛無父』之斷案，不爲虐矣。是故吾儕墨氏兼愛之旨爲『雖善而不可用，』不如儒家『老吾老以及人之老，幼吾幼以及人之幼，』之說終以之能切理而饜心也。荀子曰：『墨子有見於齊，無見於畸，』（天論篇），可謂確評。蓋墨家僅見人類平等的一面，而忘卻其實有差等的一面爲事實上所不能抹殺也。雖然，可用與否，別爲一問題，而兼愛爲人類最高理想，則吾儕固樂與承認也。

墨子以「非攻」爲教義之一種，其義從兼愛直接演出。其時軍國主義漸昌，說者或以爲國際道德與箇人道德不同，爲國家利益起見，用任何惡辣手段皆無所不可。墨子根本反對此說，其言曰：

『今有一人，入人園圃，竊其桃李，眾聞則非之。上爲爲政者，得則罰之。此何也？以虧人自利也。至攘人犬豕雞豚，其不義又甚入人園圃竊桃李。是何故也？以虧人愈多，其不義茲（同滋益也）甚，罪益厚。至入人闌廐取人馬牛者，其不仁義又甚攘人犬豕雞豚。此何故也？以其虧人愈多。苟虧人愈多，其不仁茲甚，罪益厚。至殺不辜人也，扡其衣裘，取戈劍者，其不義又甚入闌廐取人馬牛。此何故也？以其虧人愈多。苟虧人愈多，其不仁茲甚矣，罪益厚。當此天下之君子，皆知而非之，謂之不義。今至大爲攻國則弗知非，從而譽之謂之義，此可謂知義與不義之別乎？殺一人者謂之不義，必有一死罪矣。若以此說往，殺十人，十重不義，必有十死罪矣。殺百人，百重不義，必有百死罪矣。……今有人於此，少見黑曰黑，多見黑曰白，則以此人不知白黑之辯矣。……今小爲非則知而非之，大爲非——攻國、則不知非，從而譽之，此可謂知義與不義之辯乎？』（非攻上）

此論眞足爲近代褊狹的愛國主義當頭一棒，其用嚴密論理層層剖釋，益足以證明此種「畸形愛國論」爲非理性的產物也。

第十一章　墨家思想（其二）

墨家更有一特色焉，曰「交利主義。」儒家（就中孟子尤甚）以義與利爲極端不相容的兩箇概念，墨家正相反，認兩者爲一。墨經云：

『義、利也。』（經上）

又云：『忠、以爲利而強君也。』『孝、利親也。』其意謂道德與實利不能相離。利不利卽善不善的標準。若此，吾得名之曰：「義利一致觀念。」墨子書中，恆以愛利並舉，如『兼相愛，交相利；』（兼愛中下）『愛利萬民；』『兼而愛之，從而利之；』（俱尚賢中）『眾利之所生，從愛人利人生；』（兼愛下）『愛人者人亦從而愛之，利人者人亦從而利之；』（兼愛中）『天必欲人之相愛相利；』（法儀）若見愛利國者必以告，亦猶愛利國者也。』（尚同下）諸如此類，不可枚舉。然則彼所謂利者究作何解耶？吾儕不妨以互訓明之。曰：『利、義也。』兼相愛卽仁，交相利卽義。義者宜也，宜於人也。曷爲宜於人？以其合於人用也。墨家以爲凡善未有不可用者，故義卽利。惟可用、故謂之善，故利卽義。其所謂利者，決非箇人私利之謂。墨子常言：

『中國家百姓萬民之利。』（非命上中下）

『反中民之利。』（非樂上非攻下）

可見彼所謂利，實指一社會或人類全體之利益而言。然則彼曷爲不曰「中義，」而曰「中利」耶？彼殆以爲非以利定義之範圍，則觀念不能明確。儒家無義戰，墨家非攻，其致一也。然宋牼欲以不利說秦楚罷兵，孟子以爲不可，宋牼固墨者也。墨家以不利故非攻，其言曰：

『所攻者不利，而攻者亦不利，是兩不利也。』（貴義）

彼更爲妙喻以明之曰：

『大國之攻小國，譬猶童子之爲馬。童子之爲馬，足用而勞。今大國之攻小國，攻者（卽所攻者），農夫不得耕，婦人不得織，以守爲事；攻人者，亦農夫不得耕，婦人不得織，以攻爲事。』（耕柱）

以俗語釋之，則「彼此不上算」而已。彼固屢言「大爲攻國」者之「不義」也。何以明其不義？彼以不上算之故，明其不義。大抵凡墨家所謂利，皆含有「兩利」的意思，故曰「交相利。」社會人人交相利，即社會總體之利也。彼曷爲常以利爲敎耶？墨子曰：

『忠信相連，又示之以利，是以終身不厭。』(節用中)

墨經又云：『利、所得而喜也；害所得而惡也。』彼蓋深察夫人情欲惡之微，而思以此爲之導。質言之，則利用人類「有所爲而爲」之本能，而與儒道兩家之「無所爲而爲主義」恰相反也。

墨家所謂利之觀念，自然不限於物質的。然不能蔑棄物質以言利，抑甚章章矣。故墨家之政治論，極注重生計問題。其論生計也，以勞力爲唯一之生產要素，其言曰：

『人固與禽獸麋鹿蜚鳥貞蟲異者也。今之禽獸麋鹿蜚鳥貞蟲，因其羽毛以爲衣裘，因其蹄蚤以爲絝屨，因其水草以爲飲食，故唯(同雖)使雄不耕稼樹藝，雌亦不紡績織紝，衣食之財固已具矣。今人與此。異者也，賴其力者生，不賴其力者不生。君子不強聽治，卽刑政亂；賤人不強從事，卽財用不足。……』(非樂上)

墨家以爲人類既非勞作不能生存，則人人皆必須以勞作之義務償其生存之權利，而且勞作要極其量。莊子稱述之曰：

『墨子稱道曰：昔者禹之湮洪水、……通……九州也，……禹親自操橐耜、……腓無胈，脛無毛，沐甚雨，櫛疾風，置萬國。禹大聖也，而形勞天下如此！使後世之墨者，多以裘褐爲衣，以跂蹻爲服，日夜不休，以自苦爲極，曰：不能如此，非禹之道也，不足謂墨。

……』（莊子天下篇）

其獎厲勞作之程度，至於『日夜不休，以自苦爲極，』眞可謂過量的承當矣。然而墨家並非如許行之流，專重筋肉勞力而屏其他（現俄國勞農政府之見解卽如此），彼承認分業之原則，以爲當

『各從事其所能，』（節用中）

『各因其力所能至而從事焉。』（公孟）

墨子設喻曰：

『譬若築牆然。能築者築，能實壤者實壤，能欣者欣（同掀），然後牆成也。爲義猶是也。能談辯者談辯，能說書者說書，能從事者從事，然後義事成也。』（耕柱）

故彼常言：『竭股肱之力，亶（亶同殫殫盡也）其思慮之智。』此與孟子言『或勞心、或勞力，』正同。不問筋力勞作、腦力勞作。要之，凡勞作皆神聖也。只要能喫苦，能爲社會服務，皆是禹之道，可謂『墨。』惟『貪於飲食，惰於從事』之人，則爲『罷（同疲）不肖，』（非命上）墨家所決不容許也。

墨家常計算勞力所生結果之多寡，以審勞力之價值，而判其宜用不宜用。彼有一極要之公例，曰：

『諸加費不加利於民者，聖王弗爲。』（節用中）

『凡費財勞力不加利者，不爲也。』（辭過）

此義云何？彼舉其例曰：

『衣服、適身體、和肌膚而足矣。……錦繡文采靡曼之衣，此非云益煖之情也。單（同殫盡也）勞力，畢歸之於無用也。』（辭過）

其意以爲衣服之用，取煖而已。帛視布不加煖，故製帛事業，卽「加費不加利於民，」其勞力爲枉耗也。就此點論，墨家亦可謂爲「效率主義」或「能率主義。」只要能「加利，」則勞費非所惜。下而機器，上而社會組織等，但使有用於人生，則雖出極重之代價亦所不辭。反之，若不加利，則雖小勞小費，亦所反對。最不加利者維何？則箇人或特別階級所用之奢侈品是也。墨家以爲無論何人，其物質的享用，只以能維持生命爲最高限度（以最低限度爲最高限度），踰此限者謂之奢侈。奢侈者則爲：

『虧奪民衣食之財。』（非樂上）

彼宗所以特標節用、節葬非樂、非攻、諸教條者，其精神皆根本於此。然則各人勞力所出，除足以維持自己生命外，卽可自逸耶？墨家於此有最精要之一道德公例焉。曰：

『有餘力以相勞，有餘財以相分。』（尙同上）

此二語墨子書中屢見不一。（天志辭過兼愛諸篇皆有）。彼所謂『交相利』者，其內容蓋如是。餘力相勞，卽『力惡其不出於身也，不必爲己。』餘財相分，卽『貨惡其棄於地也，不必藏諸己。』就此點論，可謂儒墨一致。墨家此種交利主義，名義上頗易與英美流（就中邊沁一派）之功利主義相混。然有大不同者，彼輩以「一箇人」利益爲立脚點，更進則爲「各箇人」利益之相加而已（所謂最大多數之最大幸福）。墨家全不從一箇人或各箇人著想，其所謂利，屬於人類總體，必各箇人犧牲其私利，然後總體之利乃得見。墨經云：

『任、士損己而益所爲也』（經上）；『任、爲身之所惡以成人之所急。』（經說上）『害、所得而惡也。』（見上）爲身之所惡，卽是對於己身取害不取利，故曰『損己。』何故損己？蓋有其所爲（讀去聲）。何爲爲人？非爲一人，爲全人也。墨家交利主義，所以能在人生哲學中有極大意義者在此。

墨家與儒家最相反之一點曰「非樂。」非樂者，質言之，則反對娛樂而已。孔子言『智者樂』，言『好之者不如樂之者』，言『樂以忘憂，』言『不改其樂，』大學言『樂其樂而利其利。』孟子言『君子有三樂，』言『尊德樂道。』荀子言『美善相樂。』諸如此類，更僕難數。彼宗蓋以爲娛樂之在人生有莫大價值，故禮樂並重。樂卽所以爲娛樂，戴記中樂記及荀子樂論言之詳矣。墨家宗旨『以自苦爲極。』其非樂論，排斥音樂固矣。實則凡百快樂之具，悉皆「非」之。觀非樂篇發端歷舉『鍾鼓琴瑟竽笙之聲，刻鏤文章之色，芻豢煎炙之味，高臺厚榭邃野之居，』可見也。然則其「非樂」之理由安在？彼之言曰：

『古者聖王亦嘗厚措斂乎萬民以爲舟車，既以（同已）成矣，曰吾將惡許用之。（惡許猶言何許言若將何）曰：舟用之水，車用之陸，君子息其足焉，小人休其肩背焉，故萬民出則齎

而予之，不敢以爲慼恨者何也？以其反中（去聲）民之利也。然則樂器反中民之利亦若此，卽我弗敢非也。』（非樂上）

此言樂器之爲物，『加費不加利於民，』所以可「非。」全篇之意，或言聽樂廢時曠事，或言奏樂勞民耗財，其大旨皆同歸於此一點。質言之，仍是「上算不上算」之問題而已。吾儕於此發見墨家學說一大缺點焉，彼似只見人生之一面，而不見其他一面，故立義不免矛盾。謂彼賤精神尊物質耶，是決不然。彼固明明爲有最高精神生活之人，而且常以此導人者也。雖然，其以計算效率法語生活之實際也，則專以物質爲其計算之範圍，如何而『農夫蚤出暮入耕稼樹藝』以供食，如何而『婦人夙興夜寐紡績織紝』以給衣（非樂上），如何而『丈夫年二十毋敢不處家，女子年十五毋敢不事人，』以繁生殖（節用上）。凡有妨害此等事者，舉皆「非」之。一若人所以能生活僅恃此者然。墨子殆萬不得已，姑承認人類之有睡眠耳。苟有一線之路可以不承認，恐彼行將「非」之。何也？二十四小時中睡去八小時，則全人類勞作之產品已減其三分之一，「不上算」莫甚焉。彼之非樂論其出發點，正類此也。「勞作能率」之說，在現代已爲科學的證明，故卽就上算不上算論，謂廢娛樂可以增加勞作，亦旣言之不能成理。老子曰：

『三十輻，共一轂，當其無、有車之用。埏埴以爲器，當其無、有器之用。鑿戶牖以爲室，當其無、有室之用。故有之以爲利，無之以爲用。』

墨子之非樂（反對娛樂），是僅見有之之利，而不見無之之用也。是猶築室者以室中空虛之地爲可惜，而必欲更輩瓴甓以實之也。故荀子評之曰：

『墨子蔽於實而不知文。』（正論篇）

蓋極端的實用主義，其蔽必至如是也。程繁亦難墨子曰：

『昔者諸侯倦於聽治，息於鐘鼓之樂。……農夫春耕、夏耘、秋收、冬藏，息於瓴缶之樂。今夫子曰：「聖王不爲樂，」此譬之猶馬駕而不稅，弓張而不弛，無乃非有血氣者之所能至耶？』（三辯）

莊子亦痛論之曰：

『……雖然，歌而非歌，哭而非哭，樂而非樂，是果類乎？其生也勤，其死也薄，其道大觳，使人憂，使人悲，其行難爲也；恐其不可以爲聖人之道，反天下之心；天下不堪，墨子雖能獨任，奈天下何！離於天下，其去王也遠矣。』（天下篇）

莊子此論，可謂最公平最透徹。蓋欲以此爲社會教育上或政治上之軌則，其不可行正與道家『小國寡民……』云云者同。何也？皆『反天下之心、天下不堪』也。

抑吾儕所不慊於墨家者猶不止此。吾儕以爲墨家計算效用之觀念，根本已自不了解人生之爲何。墨家嘗難儒家曰：

『子墨子問於儒者曰：『何故爲樂？』曰：『樂以爲樂也。』子墨子曰：『子未我應也。今我問曰：「何故爲室？」曰：「冬避寒焉，夏避暑焉，室以爲男女之別也，」則子告我

爲室之故矣。今我問曰：「何故爲樂？」曰：「樂以爲樂也；」是猶曰：「何故爲室？」曰：「室以爲室也。」』（公孟）

尊實利主義者，或引此以爲墨優於儒之證，謂儒家只會說箇「什麼，」墨家凡事總要問箇「爲什麼。」吾疇昔亦頗喜其說，細而思之，實乃不然。人類生活事項中，固有一小部分可以回答出箇「爲什麼」者，卻有一大部分回答不出箇「爲什麼」者。「什麼都不爲，」正人生妙味之所存也。爲娛樂而娛樂，爲勞作而勞作，爲學問而學問，爲慈善而慈善，……凡此皆『樂以爲樂』之說也。大抵物質生活，——如爲得飽而食，爲得煖而衣，皆可以回答箇「爲什麼。」若精神生活，則全部皆「不爲什麼」者也。試還用墨子之例以詰之曰：『何故爲生活？』墨家如用彼「所以爲室」一類之答案，吾敢斷其無一而可。最善之答案，則亦曰『生以爲生』而已矣。墨家惟無見於此，此其所以『不足爲聖王之道』也。

雖然，墨子固自有其最高之精神生活存。彼固以彼之自由意志力遏其物質生活，幾至於零度以求完成其精神生活者也。古今中外哲人中，同情心之厚，義務觀念之強，犧牲精神之富，基督而外，墨子而已。善夫莊子之言曰：

『雖然，墨子眞天下之好也，將求之不得也，雖枯槁不舍也，才士也夫。』（天下篇）

第十二章 墨家思想（其三）

墨家政治哲學之根本觀念，略已說明。今當進觀其對於政治組織之見解何如。墨家論社會起原，有極精到之處，而與儒家（荀子）所論微有不同。其言曰：

『古者民始生未有刑政之時，蓋其語人異義。是以一人則一義，二人則二義，十人則十義。其人茲（同滋益也）衆，其所謂義者亦茲衆。是以人是其義，以非人之義，故交相非也。是以內者父子兄弟作怨惡，離散不能相和合。天下之百姓皆以水火毒藥相虧害，至有餘力不能相勞，腐朽餘財不以相分，隱匿良道不以相敎，天下之亂，若禽獸焉。……』（尙同上）

『明乎民之無正長以一同天下之義，而天下之亂也，是故選擇天下賢良聖智辯慧之人，立以爲天子，使從事乎一同天下之義。天子既以（同已）立矣，以爲唯其耳目之請（畢沅云請當爲情）不能獨一同天下之義，是故選擇贊閱賢良聖知辯慧之人，置以爲三公與從事乎一同天下之義。……』（尙同中）

『三公又以其知力爲未足獨左右天子也，是以分國建諸侯。諸侯又以其知力爲未足獨治其四境之內也，是以選擇其次，立爲卿之宰。卿之宰又以其知力爲未足獨左右其君也，是以

選擇其次，立而爲鄉長家君。』（尚同下）

此與荀子禮論王制諸篇所言略同，而有異者。荀子從物的方面觀察，以爲非組織社會無以劑物之不贍。墨子從心的方面觀察，以爲非組織社會無以齊義之不同。墨子所說，與歐洲初期之「民約論」酷相類。民約論雖大成於法之盧梭，實發源於英之霍布士及陸克。彼輩之意，皆以爲人類未建國以前，人人的野蠻自由漫無限制，不得已乃相聚胥謀，立一首長，此卽國家產生之動機也。其說是否正當，自屬別問題，而中國二千年前之墨子，正與彼輩同一見解。墨子言：『明乎天下之亂生於無正長，故選擇賢聖立爲天子，使從事乎一同。』孰明之？自然是人民明。孰選擇之？自然是人民選擇。孰立之、孰使之？自然是人民立、人民使。此其義與主張『天生民而立之君』的一派神權起原說，及主張『國之本在家』的一派家族起原說皆不同，彼以爲國家由人民同意所造成，正與民約論同一立脚點。墨經云：

『君臣萌通約也。』（經上）

卽是此意。

國家成立後又如何？墨家所主張，殊不能令吾儕滿志，蓋其結果乃流於專制。彼之言曰：

『正長已具，天子發政於天下之百姓，言曰：聞善不善皆以告其上，上之所是，必皆是之；上之所非，必皆非之。』（尚同上）

『凡國之萬民，上同乎天子而不敢下比。天子之所是，必亦是之；天子之所非，必亦非

之。』(尚同中)

篇名尚同，尚卽上字，凡以發明『上同於天子』之一義而已。以俗語釋之，則「叫人民都跟着皇帝走」也。就此點論，與霍布士士輩所說，眞乃不謀而合。霍氏旣發明民約原理，卻以爲旣成國以後，人人便將固有之自由權拋卻，全聽君主指揮。後此盧梭派之新民約論，所批評修正者卽在此點。墨家卻屬霍氏一流論調，而意態之橫厲又過之。彼蓋主張絕對的干涉政治，非惟不許人民行動言論之自由，乃並其意念之自由而干涉之。夫至人人皆以上之所是非爲是非，則人類之箇性，雖有存焉者寡矣！此墨家最奇特之結論也。

墨家何故信任天子至如此程度耶？彼之言曰：

『天子之視聽也神，……非神也。夫唯能使人之耳目助己視聽，使人之吻助己言談，使人之心助己思慮，使人之股肱助己動作。』(尚同下)

然則天子又何故能如此耶？彼宗蓋更有「尚賢」之義在。道家主張『不尚賢、使民不爭。』墨家正相反，其言曰：

『何以知尚賢爲政之本也？曰：自貴且智者爲政乎，愚且賤者則治。自愚且賤者爲政乎，貴且智者則亂。……』(尚賢中)

『……且夫王公大人，……不察其知而以其愛，是故不能治百人者，使處乎千人之官；不能治千人者，使處乎萬人之官。……夫不能治千人者，使處乎萬人之官，則此官什倍也，

夫治之法將以日治者也。日以治之，日不什修，知以治之，知不什益，而予官什倍，此則治其一棄其九也。……』（尙賢中）

此論蓋針對當時貴族政治及私倖政治而言，其陳義確含眞理。若今之中國，眞所謂『以愚者爲政於智者，』『不能治千人而使處乎萬人之官』也。墨家以尙賢尙同兩義相結合，其所形成之理想的賢人政治則如下：

『是故里長者，里之仁人也。里長發政，里之百姓言曰：聞善而（同如訓爲或）不善，必以告其鄉長。鄉長之所是，必皆是之；鄉長之所非，必皆非之。去若（汝也）不善言，學鄉長之善言；去若不善行，學鄉長之善行。……鄉長惟能壹同鄉之義，是以鄉治也。鄉長者鄉之仁人也。鄉長發政，鄉之百姓言曰：聞善而不善，必以告國君。國君之所是，必皆是之，國君之所非，必皆非之。……國君惟能壹同國之義，是以國治也。國君者國之仁人也。國君發政，國之百姓言曰……天子之所是，必皆是之；天子之所非，必皆非之。……天子唯能壹同天下之義，是以天下治也。……』（尙同上）

墨家以國君卽一國之仁人，鄉長卽一鄉之仁人，里長卽一里之仁人爲前提，則里人效法里長，乃至國人效法國君，誠爲最宜。問何以能得一國之仁人爲國君，乃至得一里之仁人爲里長？則又以天子卽天下之仁人爲前提。國君以下，皆由此天下之仁人所選擇，而此天下之仁人固能尙賢者也。然則最後之問題，是要問如何方能使天子必爲天下之仁人？以堯舜爲父而有丹朱商均，則『大人世及以爲禮』，必不能常得仁人，至易見矣。故墨子書中，絕無主張天子世襲之痕跡。彼言『選擇賢能聖智辯慧者，立以爲天子。』則其主張選舉甚明。然由誰選耶？以何法選耶？惜墨子未有以語吾儕。吾儕欲觀其究竟，須更從別方面研究之。

吾儕須知墨子非哲學家，非政治家，而宗教家也。墨子有其極崇高極深刻之信仰焉，曰『天。』其言曰：

『殺一不辜者，必有一不祥。殺不辜者誰也？則人也。予之不祥者誰也？則天也。』（天志上）

『順天意者，兼相愛，交相利，必得賞。反天意者，別相惡，交相賊，則得禍。』（同上）

『我爲天之所欲，天亦爲我所欲。然有不爲天之所欲、而爲天之所不欲，則夫天亦且不爲人之所欲、而爲人之所不欲矣。人之所不欲者何也？曰：疾病禍祟是也。』（天志中）

篇中此類語極多，要而論之，墨家所謂天，與孔老所謂天完全不同。墨家之天，純爲一「人格神。」有意識，有感覺，有情操，有行爲。故名之曰「天志。」其言曰：

『我有天志，譬若輪人之有規，匠人之有矩。輪匠執其規矩以度天下之方圜。曰：中者是也，不中者非也。』（天志上）

墨家既以天的意志爲衡量一切事物之標準，而極敬虔以事之。因此創爲一種宗教，其性質與基督教最相逼近。其所以能有絕大之犧牲精神者全恃此。

明乎此義，則其政治上最高組織之從何出，可得而推也。墨家既爲一箇宗教，則所謂「賢良聖智辯慧」之人，惟教主足以當之。教主死後，承襲教主道統者，亦即天下最仁賢之人。墨家有一極奇異之制度焉，墨子既卒，全國「墨者」中蓋公立一墨教總統，名曰「鉅子。」莊子天下篇云：

『以鉅子爲聖人，皆願爲之尸，冀得爲其後世，至於今不絕。』

吾儕從先秦著述中，墨家鉅子之名可考見者尙三人（孟勝田襄子腹䵍），蓋其制度與基督教之羅馬法王極相類。所異者，羅馬法王由教會公舉，墨家鉅子則由前任鉅子指定傳授於後任者，又頗似禪宗之傳衣鉢也（看呂氏春秋去私篇）。由此推之，鉅子即墨家所公認爲天下最賢能聖智辯慧之人，所謂『立以爲天子』者，宜非此莫屬矣。故墨教若行，其勢且成爲歐洲中世之教會政治，此足爲理想的政治組織耶？是殆不煩言而決矣。

墨家思想之俊偉而深摯，吾儕誠無間然。但對於箇人生活方面，所謂『其道大觳，天下不堪，』此其所短也。對於社會組織方面，必使人以上所是非爲是非，亦其所短也。要而論之，墨家只承認社會，不承認箇人，據彼宗所見，則箇人惟以「組成社會一分子」之資格而存在耳。離卻社會，則其存在更無何等意義。此義也，不能不謂含有一部眞理。然彼宗太趨極端，誠有如莊子所謂『爲之太過，已之太順』者（天下篇評墨家語），結果能令箇人全爲社會所吞沒，箇性消盡，千人萬人同鑄一型，此又得爲社會之福矣乎！荀子譏其『有見於齊，無見於畸』（見上），蓋謂此也。

最後於墨家後學當附論數言，戰國中葉以後，儒墨並稱，其學派傳播之廣可想。其最著者，則有惠施公孫龍一派，世稱之曰「別墨，」蓋專從知識論方面發展，與政治較爲緣遠。然惠施言『氾愛萬物，天地一體；』（見莊子天下篇）公孫龍曾與趙惠王燕昭王論偃兵，是皆能忠於其教者。

次則有宋鈃尹文一派，宋鈃卽孟子之宋牼，（或亦卽莊子之宋榮子）其欲以「非攻」「不利」之說說秦楚罷兵，孟子嘗與之上下其議論。尹文子有著書，今存。漢書藝文志列諸名家，莊子天下篇以二人合論，則其學派相同可想，蓋皆墨家之流裔也。天下篇云：

『不累於俗，不飾於物，不苟於人，不忮於眾，願天下之安寧以活民命，人我之養，畢足而止。……古之道術有在於是者。宋鈃尹文聞其風而說之。……語心之容，命之曰心之行。……見侮不辱，救民之鬬；禁攻寢兵，救世之戰。以此周行天下，上說下教，雖天下不取，強聒而不舍者也。……雖然，其爲人太多，其自爲太少，曰：請欲固置五升之飯足矣，先生恐不得飽，弟子雖飢，不忘天下。……不以身假物，以爲無益於天下者，明之不如已也。以禁攻寢兵爲外，以情欲寡淺爲內。……』

觀此則兩人學風及其人格的活動，殆全與墨子同。『非攻寢兵，』『雖飢不忘天下，』此其最顯著者矣。『無益於天下者，則以爲明之不如已。』此亦實用主義之一徵也。內中宋鈃之特別功績，則在其能使墨家學說得有主觀的新生命。荀子嘗記其言曰：

『子宋子曰：明見侮之不辱，使人不鬬。人皆以見侮爲辱，故鬬也。知見侮之爲不辱，則不鬬矣。

子宋子曰：人之情欲寡，而皆以己之情爲欲多，是過也。故率其羣徒，辨其談說，明其譬稱，將使人知情之欲寡也。』（正論篇）

墨家固常勸人勿鬬，然大率言鬬之兩不利，是屬客觀計較之論也。宋子推原人何以有鬬，皆因以見侮爲辱而起，故極力陳說見侮之並不足爲辱，使之釋然。此以理性的解剖，改變人之心理作用，以塞鬬之源也。墨家敎人以自苦爲極，是純以義務觀念相繩而已。宋子則以爲人之性本來不欲多得而欲寡得，然則『五升之飯不得飽，』適如我所欲，非苦也，而樂矣。此又以理性的解剖改變人之心理作用，使共安於『人我之養畢足而止』也。莊子稱之曰：『語心之容，命之曰心之行。』謂其專就人之心理狀態立論，而一切實踐道德，皆指爲內心所表現之行爲也。蓋墨家唯物論色彩太重，宋子宗其說而加以唯心論的修正。墨家以社會呑滅箇性，宋子則將被呑之箇性，從新提絜出來作社會基礎，故天下篇以彼爲崛起於墨翟、禽滑釐之外而別樹一宗也。

尹文子則墨法兩家溝通之樞紐，其詳當於次節論之。

第十三章　法家思想（其一）

法家成爲一有系統之學派，爲時甚晚。蓋自愼到、尹文、韓非以後。然法治主義，則起原甚早。管仲、子產時確已萌芽。其學理上之根據，則儒道墨三家皆各有一部分爲之先導。今欲知其概要，當先述「法」字之意義。說文云：

『灋、刑也（註一五）。平之如水，从水。廌所以觸不直者去之，从廌去。』

刑卽型字，謂模型也。故於「型」字下云：『鑄器之法也，』「式」字「笵」字「模」字下皆云：『法也。』型爲鑄器模範，法爲行爲模範，灋含有平直兩意，卽其模範之標準也。儒家之言曰：

『是以明於天之道而察於民之故，遂興神物以前民用，一闔一闢謂之變，往來不窮謂之通。見、乃謂之象；形、乃謂之器。制而用之，謂之法。』（易繫辭傳）

所謂法者，純屬「自然法則」的意義。法之本源，在「天之道與民之故，」此道與故表見出來者謂之象；象成爲具體的則謂之器；模倣此象此器，制出一種應用法則來謂之法。實卽『有物有則』之義也。道家之言曰：

『人法地，地法天，天法道，道法自然。』（老子）

亦謂以自然爲人之模範也。墨家之言曰：

『法，所若而然也。』（墨子經上）

若、如也，順也。所若而然，以俗語釋之，則『順著如此做便對』也。彼宗又云：

『效也者，爲之法也。所效者，所以爲之法也。故中效，則是也；不中效，則非也。』（墨子小取）

此卽釋『所若而然』之義。凡此所述，皆爲廣義的法。質言之，卽以自然法爲標準以示人行爲之模範也。法家所謂法，當然以此爲根本觀念，自不待言。故曰：

『根天地之氣，寒暑之和，水土之性，人民鳥獸草木之生。物雖不甚多，皆均有焉而未嘗變也，謂之則、義也，名也，時也，似也，類也，比也，狀也。謂之象、尺寸也，繩墨也，規矩也，衡石也，斗斛也，角量也。謂之法、漸也，順也，靡也，久也，服也，習也，謂之化。』（管子七法篇）

亦有從「法」之一觀念而更析其類者，如尹文子云：

『法有四呈：一曰不變之法，君臣上下是也；二曰齊俗之法，能鄙同異是也；三曰治眾之法，慶賞刑罰是也；四曰平準之法，律度權衡是也。』

法家所謂法，以此文之第一二四種爲體，而以其第三種爲用，是爲狹義的法。彼宗下其定義曰：

『法者，憲令著於官府，刑罰必於民心，賞存乎愼法，而罰加乎姦令者也。』（韓非子定法篇）

『法者，編著之圖籍，設之於官府，而布之於百姓者也。』（韓非子難三篇）

由此觀之，此種狹義的法，須用成文的公布出來，而以國家制裁力盾乎其後，法家所謂法之概念蓋如此。

法家者，儒道墨三家之末流嬗變滙合而成者也。其所受於儒家者何耶？儒家言正名定分，欲使名分爲具體的表現，勢必以禮數區別之，故荀子曰：

『禮、法之大分也；』(不苟篇)

又曰：

『禮者，人主之所以爲羣臣寸尺尋丈檢式也。』(儒效篇)

以此言禮，實幾與狹義之法無甚差別。彼又言：『法後王者，法其法。』夫彼固以法後王爲教者也，故荀子之學，可謂與法家言極相接近，韓非以荀子弟子而爲法家大師，其淵源所導，蓋較然矣。

法家所受於道家者何耶？道家言『我無爲而民自正。』民何以能正？彼蓋謂自有「自然法」能使之正也。自然法希夷而不可見聞，故進一步必要求以「人爲法」爲之體現。此當然之理也。及其末流，卽以法治證成無爲之義。愼子曰：

『大君任法而不弗躬，則事斷於法。』

淮南子曰：

『今乎權衡規矩，一定而不易，不爲秦楚變節，不爲胡越改容，常一而不邪，方行而不流。一曰刑（同型）之，萬世傳之，而以無爲爲之。』法治者純以客觀的物準馭事變，其性質恰如權衡規矩。愼子所謂『無建巳之患，無用知之累』也。夫是以能『無爲而無不爲。』彭蒙愼到之流，皆邃於道家言，而治術則貴任法，蓋以此也。

法家所受於墨家者何耶？墨家以尙同爲教，務『壹同天下之義，』其最後目的，乃在舉人類同鑄一型。夫欲同鑄焉，固非先有型不可，則『所若而然』之「法，」其最必要矣。彼欲取所謂『一人一義、十人十義』者，而「壹同」之，吾試爲之譬：有一社會於此，其市中無公定之尺，勢必『一人一尺，十人十尺，其人兹衆，其所謂尺者，亦兹衆。』然則欲『壹同天下之尺，』其道奚由？亦曰以政府之力頒定所謂「工部營造尺」者而已。尹文子曰：

『萬事皆歸於一，百度皆準於法。歸一者簡之至，準法者易之極。』

尹文與宋鈃同學風。據莊子天下篇所說，則其人殆一「墨者」也。而其論治術亦歸本於任法，蓋尙同論之結果，必至如是也。

漢書藝文志別名家於法家，而以尹文列焉。實則名與法蓋不可離，故李悝法經，蕭何漢律，皆著名篇。而後世言法者亦號「刑名。」尹文子論名與法之關係，最爲深至。其言曰：

『名者，名形者也。形者，應名者也。……萬物具存，不以名正之則亂。萬名具列，不以形應之則乖。……善名命善；惡名命惡。……聖賢仁智，命善者也，頑嚚凶愚，命惡者也。……使善惡畫然有分，雖未能盡物之實，猶不患其差也。……名稱者何？彼此而檢虛實者也。自古及今，莫不用此而得，用彼而失。失者由名分混；得者由名分察。今親賢而疏不肖，賞善而罰惡，賢不肖善惡之名宜在彼，親疏賞罰之稱宜屬我。……名宜屬彼，分宜屬我，我愛白而憎黑，韻商而舍徵，好羶而惡焦，嗜甘而逆苦。白黑商徵羶焦甘苦，彼之名也；愛憎韻舍好惡嗜逆，我之分也。定此名分，則萬事不亂也。故人以度審長短，以量受少多，以衡平輕重，以律均清濁，以名稽虛實，以法定治亂，以簡治煩惑，以易御險難。萬事皆歸於一，百度皆準於法。歸一者簡之至，準法者易之極。如此、頑嚚聾瞽，可與察慧聰智同其治也。』

此蓋合儒家所謂：『名正則言順，言順則事成；』墨家所謂：『中效則是，不中效則非』之義。而歸宿於以與律度量衡同性質之「法，」整齊之，而使歸簡易，則聾瞽可以與聰察同治，而道家「無爲」之理想乃實現。此卽法家應用儒道墨之哲理以成其學也。

第十四章 法家思想（其二）

當時所謂法家者流中，尙有兩派與法治主義極易相混而實大不同者，一曰「術治主義，」二曰「勢治主義。」

「法」與「術」在當時蓋爲相反之兩名詞，故韓非子定法篇云：『申不害言術，而公孫鞅爲法。』然則法與術之別奈何？韓非子曰：

『術也者，主之所以執也。法也者，官之所以師也。』（說疑篇）

尹文子謂：『法不足以治則用術。』其下「術」之定義謂：

『術者，人君之所密用，羣下不可妄窺。』

然則術治主義者，其作用全在秘密，與『編著諸圖籍布之於百姓』之公開而畫一的「法，」其性質極不相容。定法篇語其概曰：『申不害、韓昭侯之佐也。韓者，晉之別國也。晉之故法未息，而韓之新法又生；先君之令未收，而後君之令又下。申不害不擅其法，不一其憲令，……雖用術於上，法不勤飾於官。……』由此觀之，申子一派，殆如歐洲中世米奇維里輩（註一六），主張用陰謀以爲操縱，戰國時縱橫家所最樂道，亦時主所最樂聞也，而其說實爲法家正面之敵。

法家所主張者在：

『奉公法，廢私術。』（韓非子有度篇）

『任法而不任智。』（管子任法篇）

故曰：

『有道之君，善明設法而不以私防者也。而無道之君，既已設法，則舍法而行其私者也。……爲人君者棄法而好行私，謂之亂。』（管子君臣篇）

由是觀之，術蓋爲法家所最惡。而法家所倡道者，實於好作聰明之君主最不便。此所以商鞅、吳起，雖能致國於盛強，而身終爲僇也。

術治主義者，亦人治主義之一種也。勢治主義，其反對人治之點與法治派同，而所以易之者有異。愼子蓋兼主勢治之人也，其言曰：

『堯爲匹夫，不能治三人；而桀爲天子，能亂天下。吾以此知勢位之足恃，而賢智之不足慕也。』（韓非子難勢篇引）

韓非子駁之曰：

『夫勢者，非能必使賢者用己，而不肖者不用己也。賢者用之則天下治，不肖者用之則天下亂。人之情性，賢者寡而不肖者眾，而以威勢濟亂世之不肖人，則是以勢亂天下者多矣，以勢治天下者寡矣。……夫勢者，名一而變無數者也。勢必於自然，則無爲言於勢矣。……今日堯舜得勢而治，桀紂得勢而亂，吾非以堯舜爲不然也。雖然，非一人之所得設也。夫堯舜生而在上位，雖有十桀紂不能亂者，則勢治也。桀紂亦生而在上位，雖有十堯舜而主不能治者，則勢亂也。……此自然之勢也，非人之所得設也，若吾之言謂人之所得設也。』（難勢篇）

淺見者流，見法治者之以干涉爲職志也。謂所憑藉者政府權威耳，則以與勢治混爲一談。韓非此論，辨析最爲謹嚴，蓋勢治者正專制行爲；而法治則專制之反面也。勢治者自然的惰性之產物，法治則人爲的努力所創造，故彼非人所得設，而此則人所得設也，是法與勢之異也。

法家非徒反對暴主之用術恃勢而已，卽明主之勤民任智，亦反對之。彼宗蓋根本不取人治主義，初不問其人之爲何等也。尹文子曰：

『田子（田駢）讀書曰：堯時太平。宋子（宋鈃）曰：聖人之治以致此乎？彭蒙在側，越次而答曰：聖法之治以致此，非聖人之治也。宋子曰：聖人與聖法何以異？彭蒙曰：子之亂名甚矣。聖人者，自己出也；聖法者，自理出也。理出於己，己非理也；己能出理，理非己也。故聖人之治，獨治者也，聖法之治，則無不治矣。』

此以嚴密論理法剖析人治法治兩觀念根本不同之處，可謂犀利無倫。然則曷言乎『聖法之治則無不治』耶？彼宗之言曰：

『若使遭賢則治，遭愚則亂，則治亂續於賢愚，不係於禮樂。是聖人之術；與聖主而俱沒。治世之法，逮易世而莫用，則亂多而治寡。……』（尹文子）

又曰：

『且夫堯舜桀紂，千世而一出；……中者上不及堯舜，而下者亦不爲桀紂。抱法則治，背法則亂，背法而待堯舜，堯舜至乃治，是千世亂而一治也。抱法而待桀紂，桀紂至乃亂，是千世治而一亂也。』（韓非子難勢篇）

此皆對於賢人政治徹底的攻擊，以爲「人存政舉、人亡政息，」決不是長治久安之計，其言可謂博深切明。他宗難之曰：

『羿之法非亡也，而羿不世中。禹之法猶存，而夏不世王。故法不能獨立，類不能自行。得其人則存，失其人則亡。……有君子，則法雖省，足以徧矣。無君子，則法雖具，失先後之施，不能應事之變，足以亂矣。』（荀子君道篇）

蓋謂雖有良法，不得人而用之，亦屬無效也。彼宗釋之曰：

『夫曰「良馬固車，臧獲御之，則爲人笑；王良御之，則日取乎千里；」吾不以爲然。夫待越人之善海游者，以救中國之溺人，越人善游矣，而溺者不濟矣。夫待古之王良以馭今之馬，亦猶越人救溺之說也，不可亦明矣。夫良馬固車，五十里而一置，使中手御之，追速致遠，可以及也，而千里可日致也，何必待古之王良乎？且御非使王良也，則必使臧獲敗之；治非使堯舜也，則必使桀紂亂之。……此則積辯累辭，離理失實，兩未之議也。』（韓非子難勢篇）

此論大意蓋謂人無必得之券，則國無必治之符。政權無論何時，總有人把持。希望賢人政治者，不遇賢人，政權便落不肖者之手，天下事去矣。法治則中材可守，能使『頑嚚聾瞽與察慧聰智者同其治』所以可貴。

法家之難「人治，」猶不止此，彼又以效程之多寡及可恃不可恃爲論據。其言曰：

『言行者，以功用爲之的彀者也。夫砥礪殺矢而以妄發，其端未嘗不中秋毫也。然而不可謂善射者，無常儀也。設五寸之的，引十步之遠，非羿逢蒙不能必中者，有常也。故有常、則羿逢蒙以五寸的爲功；無常、則以妄發之中秋毫爲拙。』（韓非子問勢篇）

又曰：

『先王懸權衡，立尺寸，而至今法之，其分明也。夫釋權衡而斷輕重，廢尺寸而斷長短，雖察，商賈不用，爲其不必也。……不以法論智能賢不肖者唯堯，而世不盡爲堯，是故先王知自議譽私之不可任也。故立法明分，中程者賞之，毀公者誅之。』（商君書修權篇）

其意謂人治主義，不得人固然根本破壞，即得人亦難遽認爲成立。因爲「聖主當陽，」全屬天幸，偶然的事實，不能作爲學理標準。學理標準，是要含必然性的。（法家標準是否有必然性又另一問題次章更論之）

法家之難「人治，」猶不止此，彼直謂雖天幸遇有賢人，仍不足以爲治。其言曰：

『釋法術而心治，堯不能正一國。去規矩而妄意度，奚仲不能成一輪。……使中主守法術，拙匠守規矩尺寸，則萬不失矣。』（韓非子用人篇）

又曰：

『雖有巧目利手，不如拙規矩之正方圓也；故巧者能生規矩，不能廢規矩而正方圓。雖聖人能生法，不能廢法而治國。』（管子法法篇）

法家書中此類語不可枚舉。讀此可知彼宗與儒家立脚點不同之處。儒家言：『規矩、方圓之至也，聖人、人倫之至也。』（孟子離婁）儒家尊人的標準，故以聖人喻規矩。法家尊物的標準，故以法喻規矩。其意謂非無賢人之爲患，卽有賢亦不足貴也。彼宗又言曰：

『君之智未必最賢於眾也。以未最賢而欲善盡被下，則下不贍矣。若君之智最賢，以一君而盡贍下則勞，勞則有倦。倦則衰，衰則復返於人。不贍之道也。』（愼子佚文）

此言君主不宜任智之理，最爲透明。現代法治國元首不負責任，理論亦半同於此。

法家之難「人治」猶不止此，彼宗猶有最極端之一派，根本反對「尙賢。」其言曰：

『今上論材能智慧而任之，則知慧之人，希主好惡，使官制物以適主心，是以官無常，國亂而不壹。』（商君書農戰篇）

此言以尙賢爲治，則將獎厲人之飾僞以徼幸，其故何耶？彼宗以爲：

『君人者舍法而以身治，則誅賞予奪，從君心出。……』（愼子佚文）

從君心出，則人將揣摩君心以售其私，此其爲道甚危。然則所以救之者如何？彼宗之言曰：

『使法擇人，不自舉也。使法量功，不自度也。』（管子明法篇）

故如法家所主張，其極非至於如後世之糊名考試抽籤補官不可。蓋必如此然後可免於『誅賞予奪由君心出』也。

難者曰：法之權威如此其大，萬一所立法不善，則將如何？彼宗釋之曰：

『法雖不善，猶愈於無法，所以一人心也。夫投鉤以分財，投策以分馬，非鉤策爲均也，

使得美者不知所以美，得惡者不知所以惡，所以塞願望也。』（愼子佚文）

質言之，則將一切主觀的標準舍去，專恃客觀的標準以「一人心。」其標準之良不良，在彼宗乃視爲第二問題，故其言曰：

『因也者，舍己而以物爲法也。』（管子心術上篇）

『以物爲法，』乃可以『無建己之患，無用知之累。』是故法治主義者，其實則物法主義也。老子曰：『善者因之。』彼宗以此爲「因」之極則，謂必如此乃可以「無爲。」故曰：

『名定則物不競，分明則私不行。物不競非無心，由名定故無所措其心；私不行非無欲，由分明故無所措其欲。然則心欲人人有之，而得同於無心無欲者，制之有道也。』（尹文子）

彼宗以爲欲使道家無私無欲之理論現於實際，舍任法末由。故法家實卽以道家之人生觀爲其人生觀，太史公以老莊申韓合傳，殆有見乎此也。

第十五章　法家思想（其三）

法家論國家起原，與儒家之家族起原說、墨家之民約起原說、皆有別。彼宗蓋主張「權力起原說」也。其言曰：

『古者未有君臣上下之別，未有夫婦妃匹之合。獸處羣居，以力相征，於是智者詐愚，強者凌弱，老幼孤弱，不得其所。故智者假衆力以禁強虐而暴人止。』（管子君臣篇）

法家主義，純以人類性惡為前提，彼之言曰：『人故相憎也，人之心悍，故為之法（管子樞言篇）然則以同情心相結合之組織，殆為彼宗所否認。雖然，其否認亦非絕對，不過視為未有國家以前之狀態。換言之，則彼宗謂不能恃同情心以組織國家云爾。故其言曰：

『天地設而民生之。當此之時，民知其母而不知其父，其道、親親而愛私。親親則別，愛私則險。民生衆而以別險為務，則有亂。當此之時，民務勝而力征。務勝則爭，力征則訟。訟而無正，則莫得其性也。故賢者立中，設無私，而民日仁。當此時也，親親廢，上賢立矣。凡仁者以愛利為道，而賢者以相出為務，（案相出者謂才智臨駕別人）民衆而無制，久而相出為道，則有亂。故聖人承之。作為土地貨財男女之分，分定而無制、不可故立禁。禁而莫之司、不可，故立官。官設而莫之一、不可，故立君。既立其君，則上賢廢而貴貴立矣。』（商君書開塞篇）

據近世社會學者所考證，凡國家成立，大率分為三階段：第一階段、以血統相繫屬社會組織力則恃親親也。在此種社會中，純由族中長老為政，其子弟不過附屬品而已。然羣中事變日賾，或對內、或對外，有重大問題發生，非年富力強、且有特別技能之人不勝其任，則衆共以諉之。於是社會組織力，漸移於上賢。社會益廓，事變益滋，以賢（包智力在內）相競者日衆，而無一定衡量之標準，則惟有將權力變爲權利，立一尊以統飭之。於是社會組織力，漸移於貴貴，商君書此段所論，似最得其眞相矣。

彼宗以爲社會情狀既有變遷，則所以應之者自不得不異其術。儒家所主張「行仁政，」所謂「民之父母，」彼宗謂是以第一階段之理論，適用於第三階段也。謂國家性質與家族全異，君主性質與父母全異，故反對之。其言曰：

『今上下之接，無父子之澤，而欲以行義禁下，則亦必有郄矣。且父母之於子也，產男則相賀，產女則殺之，此俱出父母之懷衽。然男子受賀，女子殺之者，慮其後便，計之長利也。故父母之於子也，猶用計算之心相待也，而況無父子之澤乎！』(韓非子六反篇)

彼所言『父子猶以計算之心相待，』以此爲推論之出發點，其偏宕自不待言。但其將人性黑闇方面，盡情揭破，固不得不謂爲徹底沈痛之論也。彼宗此種推論之結果，故對於儒家——如孟子之流者，以仁義說時主，明加攻擊，其言曰：

『今學者之說人主也，皆去求利之心，出相愛之道，是求人主之過於父母之親也。此不熟於論恩，詐而誣也。』(同上)

彼宗不徒謂仁政之迂而難行也，且根本斥其不可，其言曰：

『明主之治國也，使民以法禁而不以廉止。母之愛子也倍父，父令之行於子者十母。吏之於民無愛，令之行於民也萬父母。父母積愛而令窮，吏用威嚴而民聽從。』(同上)

然則令行民從者，將以快人主之意耶？是又不然，彼續言曰：

『今家人之治產也，相忍以飢寒，相強以勞苦，雖犯軍旅之難，饑饉之患，溫衣美食者，必是家也。相憐以衣食，相惠以佚樂，天饑歲荒，嫁妻賣子者，必是家也。故法之為道，前苦而後樂；仁之為道，偷樂而後窮。聖人權其輕重，出其大利，故用法之相忍，而棄仁之相憐也。』（同上）

又云：

『慈母之於弱子也，愛不可為前。然而弱子有僻行使之隨師，有惡病使之事醫。不隨師則陷於刑；不事醫則疑於死。慈母雖愛，無益於振刑救死，則存子者非愛也。母不能以愛存家，君安能以愛持國。』（韓非子八說篇）

此種議論，確含有一部分眞理。此理在春秋時已多能言之者，國語記公父文伯之母言曰：『夫民勞則思，思則善心生。逸則淫，淫則忘善，忘善則惡心生。沃土之民不材、淫也；瘠土之民莫不嚮義、勞也。』（魯語下）左傳記子產臨終戒子太叔之言曰：『唯有德者，能以寬服民；其次莫如猛。夫火烈，民望而畏之，故鮮死焉。水懦弱，民狎而翫之，則多死焉。』（昭二十一）此類語確能深察人性之微，抉其缺點而對治之。孔子答子路問政曰：『勞之』；又曰：『愛之能勿勞乎！』即是此意。法家專從此點發揮以張其軍，對於孟子一派之「保姆政策，」根本反對（孟子言無可議已見第七章茲不更論）。其意蓋欲矯正人民倚賴政府之根性，使之受磨鍊以求自立，不可謂非救時良藥也。

彼宗大都持性惡之說，又注意物質的關係，其所以重法，凡以弭爭也。其言爭之所由起，立論最尅實，曰：

『古者丈夫不耕，草木之實足食也。婦人不織，禽獸之皮足衣也。不事力而養足，人民少而財有餘，故民不爭。……今人有五子不爲多，子又有五子，大父未死而有二十五孫，是以人民衆、而貨財寡，事力勞、而供養薄，故民爭。……故饑歲之春，幼弟不饟。穰歲之秋，疏客必食。非疏骨肉，愛過客也，多少之心異也。是以古之易財，非仁也，財多也。今之爭奪，非鄙也，財寡也。』（韓非子五蠹篇）

此可謂最平恕、且最徹底之論。彼宗既認爭奪爲人類所不能免，認多數人爲環境所迫，實際上已生活於罪惡之中。謂政治之目的，在對治多數陷溺之人，使免於罪戾，並非爲少數良善者而設，故其言曰：

『夫聖人之治國，不恃人之爲吾善也，而用其不得爲非也。恃人之爲吾善也，境內不什數；用人不得爲非，一國可使齊。爲治者用衆而舍寡，故不務德而務法。夫必恃自直之木，百世無矢；恃自圜之木，千世無輪矣。……然而世皆乘車射禽者，隱栝之道用也。雖有……自直之箭，自圜之木，良工弗貴也。何則？乘者非一人，射者非一發也。不恃賞罰而恃自善之民，明主弗貴也。何則？國法不可失，而所治非一人也。故有術之君，不隨適

然之善，而行必然之道。』（韓非子顯學篇）

後儒動訶法家爲刻薄寡恩，其實不然，彼宗常言：

『不爲愛民虧其法，法愛於民。』（管子法法篇）

以形式論，彼輩常保持嚴冷的面目，誠若純爲秋霜肅殺之氣。以精神論，彼輩固懷抱一腔熱血，如子產鑄刑書時所謂『吾以救世』者。（看前論第七章）故孔子稱管仲曰：『如其仁，如其仁！』稱子產曰：『古之遺愛。』而後世宗尙法家言之諸葛亮亦謂：『示之以法，法行則知恩』也。

法治與術治勢治之異，前既言之矣。故法家根本精神，在認法律爲絕對的神聖。不許政府動軼法律範圍以外，故曰：

『明君置法以自治，立儀以自正也。……禁勝於身，則令行於民。』（管子法法篇）

又曰：

『不爲君欲變其令，令尊於君。』（同上）

就此點論，可謂與近代所謂君主立憲政體者精神一致。然則彼宗有何保障，能使法律不爲「君欲」所搖動耶？最可惜者，彼宗不能有滿意之答覆以餉吾儕。雖然，彼宗固已苦心擘畫，求出一較有力的保障焉，曰：使人民法律智識普及，其辦法如下：

『公（秦孝公）問公孫鞅（商君）曰：法令以當時立之者，明旦欲使天下之吏民皆明知而用之如一而無私，奈何？公孫鞅曰：爲法令置官吏，樸足以知法令之謂者（法令之謂猶言「法令講的是什麼」），以爲天下正。……諸官吏及民有問法令之所謂也，於主法令之吏，皆各以其政所欲問之法令明告之。各爲尺六寸之符，明書年、月、日、時、所問法令之名，以告吏民，主法令之吏不告及之罪而法令之所謂也，（案此句當有訛脫），皆以吏民之所問法令之罪各罪主法令之吏。……故天下之吏民無不知法者，吏明知民知法令也，故吏不敢以非法遇民；……此所生於法明白易知而必行。』（商君書定分篇）

歐洲之法律公開，率皆經人民幾許流血僅乃得之。我國法家對於此一點，其主張如此誠懇而堅決，且用種種手段以求法律智識普及於一般人民，眞可謂能正其本，能貫徹主義之精神也已。

第十六章　法家思想（其四）

法家起戰國中葉，逮其末葉而大成。以道家之人生觀爲後盾，而參用儒墨兩家正名覈實之旨，成爲一種有系統的政治學說。秦人用之以成統一之業。漢承秦規，得有四百年秩序的發展。蓋漢代政治家蕭何、曹參，政論家賈誼、晁錯等，皆用其道以規畫天下。及其末流，諸葛亮以偏安艱難之局，猶能使『吏不容奸，人懷自厲，』（三國志諸葛亮傳陳壽評語）其得力亦多出法家，信哉卓然成一家之言！直至今日，其精神之一部分，尚可以適用也。雖然此果足爲政治論之正則乎，則更有說。

法家最大缺點，在立法權不能正本清源。彼宗固力言吾主當『置法以自治，立儀以自正；』力言人君『棄法而好行私謂之亂。』然問法何自出，誰實制之？則仍曰君主而已。夫法之立與廢，不過一事實中之兩面，立法權在何人，則廢法權卽在其人，此理論上當然之結果也。漢時酷吏杜周，逢迎時主之意，枉法陷人，有規責之者，周答曰：

『三尺安出哉？（案「三尺」謂法也孟康注云以「三尺竹簡書法律也」）前主所是著爲律，後主所是疏爲令，當時爲是，何古之法乎？』（漢書杜周傳）

此言之不可爲訓，固無待言。雖然，法家固言曰：『前世不同敎，何古之法？帝王不相襲，何禮之循？』（商君書更法篇述商鞅語）夫前主之立一法，必其對於彼以前之法有所廢也。廢之者誰？卽人主也。前主人主，後主亦人主，則曷爲其不可以更有廢也？然則杜周正乃宗法家言以爲言也。夫人主而可以自由廢法立法，則彼宗所謂『抱法以待，則千世治而一世亂』者，其說固根本不能成立矣。就此點論，欲法治主義言之成理，最少亦須有如現代所謂立憲政體者以盾其後，而惜乎彼宗之未計及此也。彼宗固自言之矣，曰：

『國皆有法，而無使法必行之法。』（管子七法篇）

『使法必行之法，』在民本的國家之下能否有之，且未可定。在君權的國家之下，則斷無術以解決此問題。夫無監督機關，君主可以自由廢法而不肯廢法，則其人必堯舜也。夫待堯舜而法乃存，則仍是人治非法治也。彼宗動以衡量尺寸比法，謂以法量度人，如尺之量度布帛，衡之量度土石。殊不知布帛土石死物也，一成而不變者也。故亦以一成不變之死物、如衡尺者以量度焉，斯足矣。人則活物也，自由意志之發動，日新而無朕，欲専恃一客觀的「物準」以窮其態，此必不可得之數也。荀子曰：

『法而不議，則法之所不至者必廢。』（王制篇）

一尺可以盡萬物之長短，一衡可以盡萬物之輕重，人心之輕重長短，試問幾許之法而始能以盡之耶？法雖如牛毛，而終必有『法之所不至者，』自然之數也。恃法以爲治，則法所不至之部分，或聽人民自由行動，或由官吏上下其手，二者皆所謂「廢」也。而天下事理，恐爲法所不至者，轉多於爲法所至者。則舉者一二，而廢者八九也。然則彼宗所謂『萬事皆歸於一，百度皆準於法』者，亦空想之言而已矣。

『法而不議，』實彼宗一重要信條。故曰：『令出自上而論可與不可者在下，是威下繫於民也。』（管子重令篇）儒家孔孟本不重法，故無聽民議法之明文，然恆言『民之所好好之，民之所惡惡之，』則明明以民意爲政治標準也。荀子固微帶法治色彩者，則殊不取彼宗「不議」之說，其言曰：

『法而議，……百事無過。……其有法者以法行，無法者以類舉。』（王制篇）

又曰：

『隆禮至法則國有常。……纂論（王先謙曰爾雅釋詁「纂繼也」謂使人相繼議論之）公察則民不疑。』（君道篇）

荀子之意，以爲欲法之能行，必須人民了解立法之意，無所疑惑，則非使人民對於所應守之禮與法繼續討論、公開審察焉不可。如是則可以「無過。」雖法所不至之處，亦可以「類舉」而得標準。曷爲能以類舉耶？如吾前文所引荀子之言（看第三章）曰：

『以人度人，以情度情，以類度類。』（非相篇）

孟子亦言：

『權然後知輕重，度然後知長短。物皆然，心爲甚，王請度之。』（梁惠王下）

天下事理，宜有標準以量度之，吾儕所承認也。然量物與量人，決不能混爲一談。「物準」可以量物，量人則不能以物準，而惟當以「心準。」儒家絜矩之道，所謂『所惡於上，無以使下，……』云云者，全以如心之恕爲標準，其矩則「心矩」也。物矩固可以一措定焉而不容異議，心矩則非「纂論公察」焉不可也。

彼宗最大目的，在『不隨適然之善，而行必然之道。』此誤用自然界之理法以解人事也。「必然」云者，謂有一成不變之因果律以爲之支配，吾儕可以預料其將來，持左劵以責後效。如一加一必爲二，輕養二合必爲水也。夫有「必然，」則無自由；有自由，則無「必然。」兩者不並立也。物理爲「必然法則」之領土，人生爲自由意志之領土。求「必然」於人生，蓋不可得，得之則戕人生亦甚矣。此義固非唯物觀之法家所能夢見也。

法家之論治也，頗有似今日軍閥官僚反對民治主義者之所云。今語軍閥官僚以民治，彼輩輒曰：『國民程度不足，』蓋法家之言亦曰：

『民智之不可用也，猶嬰兒之心也。夫嬰兒不剔首則腹痛、…剔首…必一人抱之，慈母治之，猶啼呼不止，嬰兒子不知犯其所小苦，致其所大利也。』（韓非子顯學篇）

此其言曷嘗不含一面眞理。雖然，民果皆嬰兒乎？果常嬰兒乎？使民果皆嬰兒也，須知人類不甚相遠，同時代同環境之人尤不相遠。民旣嬰兒，則爲民立法之人亦嬰兒，何以見彼嬰兒之智，必有以愈於此嬰兒，彼立法而此不容議也。使民果常嬰兒也，則政治之用，可謂全虛。彼宗立喻，謂嬰兒『不知犯苦以致利，』故有賴其母，母之所以「利」此子者，豈不曰致之於成人乎哉！使永爲嬰兒，亦奚貴乎有母？彼宗抑曾思械嬰兒之足，勿使學步者，此兒雖成人，亦將不能行。鉗嬰兒之口，勿使出話者，此兒雖成人，亦將不能語也。要而論之，彼宗以治者與被治者爲畫然不同類之兩階級：謂治者具有高等人格，被治者具有劣等人格。（從性惡立論而並不貫徹）殊不知良政治之實現，乃在全人類各個人格之交感共動互發而駢進。故治者同時卽被治者，被治者同時卽治者。而慈母嬰兒，實非確喻也，此中消息，惟儒家能窺見，而法家則失之遠矣。

法家之以權衡尺寸喻法，而以被量度之物喻被治之人也，彼忘卻被量度之物不能自動，而被治之人能自動也。使吾儕方以尺量布，而其布忽能自伸自縮，則吾尺將無所施，夫人正猶是也。

故儒家難之曰：

『合符節別契券者，所以爲信也。……誕詐之人，乘是而後欺，探籌投鉤者，所以爲公也。……乘是而後偏，衡石稱縣（同懸）者，所以爲平也。……乘是而後險，……故械數者，治之流也，非治之原也。……官人守數，君子養原，原淸則流淸，原濁則流濁。……』（荀子君道篇）

又曰：

『法令者治之具，而非制治淸濁之源也。』（漢書董仲舒傳）

此將彼宗之「機械主義」辭而闢之，可謂一語破的。法家等人於機械，故謂以「械數」的法馭之，則如物之無遁形。曾不思人固與物異其情也，束縛而馳驟之，則敺之於『免而無恥』而已，故荀子又曰：

『法不能獨立，類不能自行，得其人則存，失其人則亡。』（君道篇）

又曰：

『有良法而亂者有之矣，有君子而亂者，自古及今，未嘗聞也。』（王制篇）

此正以人治之矛，陷法治之盾也。而吾儕則以其說爲至當而不可易也。如曰不然，試看有約法之中華民國，其政象何如。藉曰約法不良，則試揣度制定最良之憲法後，其政象又何如？政治習慣不養成，政治道德不確立，雖有冠冕世界之良憲法，猶廢紙也。此非所謂『法不能獨立，』

『有良法而亂』者耶？故吾儕若作極端究竟談，仍歸結於荀子所謂：

『有治人，無治法。』

勉爲中庸之說，則亦不過如孟子所謂：

『徒善不足以爲政，徒法不能以自行。』

而彼宗所謂『以法治國則舉而措之而已』者，稍有常識，當知其不然矣。

不特此也，就令人人不作弊於法之中，人人能奉法爲神聖以相檢制，而其去治道也猶遠。蓋法治最高成績，不外『齊一其民，』不外『壹同天下之義，』其結果則如陶之治埴，千器萬器，同肖一型。箇人之箇性，爲國家吞滅淨盡。如謂國家爲死物也，則更何說。若承認國家爲一生機體，而謂組成機體之分子可以剝奪其箇性而無損於機體生存之活力，吾未之前聞。法家言最大之流毒，實在此一點，儒家惟有見於此，故其政治目的在

『能盡人之性。』（中庸）

在使

『人人有士君子之行；』（春秋繁露俞序篇）

在使

『經正則庶民興，庶民興，斯無邪慝矣。』（孟子）

吾願更取儒家最精深博大之語反覆樂道曰：『人能弘道，非道弘人。』若以應用於政治，則

吾亦曰：『人能制法，非法制人』而已矣。

要而論之，儒家以活的、動的、生機的、唯心的人生觀為立脚點，其政治論當然歸宿於仁治主義，——卽人治主義。法家以道家之死的、靜的、機械的、唯物的人生觀為立脚點，其政治論當然歸宿於法治主義，——卽物治主義。兩家孰優劣，以吾儕觀之，蓋不煩言而決也。

以上述四家學說竟，更有數問題宜合諸家比較以觀其通者，改章論之。

第十七章　統一運動

我國先哲言政治，皆以「天下」為對象，此百家所同也。「天下」云者，卽人類全體之謂。當時所謂全體者，未必卽為全體，固無待言。但其彀的常向於其所及知之人類全體以行，而不以一部分自畫，此卽世界主義之眞精神也。先秦學者，生當諸國並立之時，其環境與世界主義似相反，然其學說皆共向此鵠無異同，而且積極的各發表其學理上之意見，成為一種「時代的運動。」其在儒家、孔子作春秋，第一句曰：『元年春王正月，』公羊傳云：

『何言乎王正月？大一統也。』

紀年以魯國，因時俗之國家觀念也。而正月上冠以一「王」字，卽表示「超國家的」意味。春秋之微言大義，分「三世」以明進化軌跡。第一、「據亂世，」『內其國而外諸夏；』第二、

「升平世，」『內諸夏而外夷狄；』第三、「太平世，」世『天下遠近大小若一，夷狄進至於爵。』（公羊傳注哀十四年）蓋謂國家觀念，而僅爲據亂時所宜有。據亂云者，謂根據其時之亂世爲出發點、而施之以治也。治之目的在平天下，故漸進則由亂而「升」至於平。更進而爲「太平。」太、猶大也，太平之世，非惟無復國家之見存，抑亦無復種族之見存，故論語云：

『子欲居九夷。或曰：陋，如之何？子曰：君子居之，何陋之有？』

將自己所有文化，擴大之以被於全人類，而共立於平等的地位，此吾先民最高理想也。故論語又云：

『四海之內，皆兄弟也。』

中庸亦云：

『是以聲名洋溢乎中國，施及蠻貊，天之所覆，地之所載，日月所照，霜露所墜，凡有血氣者莫不尊親。』

即此數語，其氣象如何偉大，理想如何崇高，已可概見。至孟子時，列國對抗之形勢更顯著，而其排斥國家主義也亦更力。其言曰：

『天下惡乎定？定于一。』

齊宣王問齊桓晉文之事，孟子曰：『仲尼之徒，無道桓文之事者。……無已，則王乎。』凡儒家王霸之辨，皆世界主義與國家主義之辨也。所不慊於齊桓晉文者，爲其專以己國爲本位而已。

道家以自然爲宗，其氣象博大，亦不下於儒家。老子書中言：『以天下觀天下，』『以無事治天下，』『抱一爲天下式。』諸如此者不一而足，其爲超國家主義甚明。

墨家言兼愛，言尙同，其爲超國家主義也更明。抑彼宗之世界主義，尤有一極強之根據焉，曰「天志。」彼之言曰：

『何以知天之愛？天下之百姓以其兼而明之。何以知其兼而明之？以其兼而有之。何以知其兼而有之？以其兼而食焉。』（墨子天志上）

『且夫天之有天下也，辟（同譬）無以異乎國君諸侯之有四境之內也。今國君諸侯之有四境之內也，夫豈欲其臣……民之相爲不利哉？今若……處大家則亂小家，欲以此求賞譽，終不可得，誅罰必至矣。夫天之有天下也，將無已（同以）異此。今若處大國則攻小國，……欲以此求福祿於天，福祿終不得，而禍祟必至矣。』（墨子天志中）

天之視萬國兆民，其愛之如一，利之如一。故凡人類之受覆育於天者，皆當體天之志，以兼相愛、而交相利，故曰：

『視人之國若其國。』

如此，則國家觀念，直根本消滅耳。尙同篇言以『天子壹同天下之義』，其世界主義的色彩，最明瞭矣。

法家本從儒道墨一轉手。其世界觀念，亦多襲三家。但彼最晚出，正當列強對抗競爭極劇之時，故其中一派以「富國強兵」爲職志，其臭味確與近世歐美所謂國家主義者相類，無庸爲諱也。雖然，彼輩之渴望統一，與餘宗同，特所用手段異耳。勉以今語比附之，則儒墨可謂主張聯邦的統一，平和的統一；法家可謂主張帝國的統一，武力的統一也。其後秦卒以後者之手段完成斯業，然而不能守也。漢承其緒，參用前者之精神，而所謂『定于一』者，乃終實現焉。

當時人士，異國間互相仕宦，視爲固然，不徒縱橫家之朝秦暮楚而已。雖以孔墨大聖，亦周歷諸侯，無所私於其國。若以今世歐洲之道德律之，則皆不愛國之尤者。然而吾先民不以爲病，彼蓋自覺其人爲天下之人，非一國之人；其所任者乃天下之事，非一國之事也。

歐洲幅員，不當我半，而大小國數十。二千年來，統一運動雖間起，卒無成效。德法夾萊因河而國，世爲仇讎，糜爛其民而戰，若草芥然。巴爾幹區區半島，不當我一大郡，而建國四五，無歲無戰。我國則秦漢以降，以統一爲常軌，而分裂爲變態，雖曰干戈塗炭之苦亦所不免乎，然視彼固有間矣。謂彼由民族異性各不相下耶，我之民族，亦曷嘗不複雜，而終能冶爲一體，則又何也？我之統一，雖物質上環境促成之者亦與有力，然其最主要之原因，則聖哲學說能變化多數人心理，摶之以爲一也，吾固言之矣。同類意識，宜擴大、不宜縮小，使吾先民常以秦人愛秦、越人愛越爲教，則秦越民族性之異，又寧讓德法？吾惟務滋長吾同類意識，故由異趣同；彼惟務獎借其異類意識，故異者益異。嗚呼！心理之幾至微，而末流乃滔天而不可禦，吾儕誠欲抱吾卞和之璞以獻彼都，不審竟遭刖焉否耳！

第十八章　寢兵運動

弭兵之議，倡於春秋末葉。宋向戌會當時諸國於宋都，相與約盟，酷似今茲大戰前之海牙平和會也。當時則有從學理上議其不可行者曰：

『天生五材，民並用之，廢一不可，誰能去兵？』（左襄二七）

雖然，後此多數大學者，標舉此義，爲猛烈的運動懇摯的宣傳，老子言：

『兵者不祥之器；』

孔子作春秋，『會盟之事，大者主小，戰伐之事，後者主先，』（春秋繁露竹林篇）故孟子曰：

『春秋無義戰。』

孟子書中，到處發明此義，其極沈痛峻厲之言曰：

『爭地以戰，殺人盈野；爭城以戰，殺人盈城。此所謂率土地而食人肉，罪不容於死。』

至墨翟宋釿一派，更高揭非攻寢兵之鮮明旗幟，以號呼於天下。其論旨則前數章既屢言之矣。墨家非從空談而已，常務實行，見有鬬者匍匐往救之，且以善守爲「非攻」主義之後盾。故其宣傳乃實力的宣傳也，各書中載墨子一故事曰：

『公輸般爲楚造雲梯之械，成，將以攻宋。墨子聞之，起於魯，行十日十夜，足重繭而不休息，裂裳裹足，至於郢見公輸般。公輸般曰：「夫子何命焉爲？」墨子曰：「北方有侮臣，願藉子殺之。」公輸般不悅。墨子曰：「請獻十金。」公輸般曰：「吾義固不殺人。」墨子起再拜曰：「請說之。吾從北方聞子爲梯，將以攻宋，宋何罪之有？荆國有餘於地，不足於民，殺所不足而爭所有餘，不可謂智；宋無罪而攻之，不可謂仁；知而不爭，不可謂忠，爭而不得，不可謂強；義不殺少而殺衆，不可謂知類。」公輸般服。墨子曰：「然，胡不已乎？」公輸般曰：「不可。吾既已言之王矣。」墨子曰：「胡不見我於王？」公輸般曰：「諾。」墨子見王曰：「聞大王舉兵將攻宋，計必得宋乃攻之乎？亡(同毋)其不得宋且不義猶攻之乎？」王曰：「必不得宋、且有不義，則曷爲攻之？」墨子曰：「甚善！臣以爲宋必不可得。」王曰：「公輸般天下之巧工也，已爲攻宋之械矣。」墨子曰：「令公輸般攻，臣請守之。」於是公輸般墨子解帶爲城，以牒爲械，公輸般九設攻城之機變，墨子九距之。公輸般之攻械盡，墨子之守圉有餘，公輸般詘而曰：「吾知所以距子矣，吾不言。」墨子亦曰：「吾知子之所以距我矣，吾不言。」楚王問其故，墨子曰：「公輸子之意，不過欲殺臣。殺臣、宋莫能守，乃可攻也。然臣之弟子禽滑釐等三百人，已持臣守圉之器，在宋城上而待楚寇矣，雖殺臣不能絕也。」楚王曰：「善哉！吾請無攻

宋矣。」』（墨子公輸篇戰國策宋策呂氏春秋愛類篇淮南子修務訓）

此段故事將墨子深厚的同情，彌滿的精力，堅強的意志，活潑的機變，豐富的技能，全盤表現。墨家者流以此種人格、此種精神、忠實以宣傳其主義，『上說下教，強聒不舍，』戰國中末葉，其徒『盈天下，』其學說影響於吾國民心理者，至深且廣，有固然矣。

凡學說皆起於『救時之敝。』（淮南子要略訓語）時既敝矣，則一手不足以障狂瀾，固其所也。故雖以儒墨之苦心毅力大聲疾呼，而在當時所能挽救者乃至微末。其與彼等對抗之法家軍國主義派竟占優勢，卒以二百餘年長期戰爭之結果以成統一之局。雖然，眞理者，固常爲最後之勝利者也。學說漸漬既久，形成國民心理，則又非一時之物質現象所能久抗。孟子云：

『由今之道，無變今之俗，雖與之天下，不能一朝居也。』

代表軍國主義之秦國，雖復『履至尊而制六合，執鞭箠以馭天下，』（賈誼文）然不十餘年而遂亡。漢反其道，與民休息，成四百年之治。自茲以往，我國民遂養成愛平和的天性，鬬狠黷武之英雄，無論在何時代，恆不爲輿論所譽許，其以有勇見稱者，則守土捍難以死勤事之人耳。故中國人可謂爲能守的國民，而絕非能戰的國民，墨家之教也。後此二千年間，屢蒙異族侵暴者以此；雖蒙侵暴，而常能爲最後之光復者亦以此。若其因侵暴光復展轉相乘，而同化力愈益發揮，民族內容愈益擴大，則文化根柢深厚使然也。

第十九章 教育問題

對於教育問題，各派態度不同，卽同在一派中，其方法亦有差別，今略論列之。

道家從外表上觀之，殆可謂之「非教育主義」，其言曰：

『古之爲道者，非以明民，將以愚之。』（老子）

此其反對教育之態度，似甚明瞭。雖然，彼宗之主張愚民，又非謂欲藉衆愚以成吾獨智也，彼蓋以愚爲「自然，」欲率民返於此自然。莊子言伯樂治馬，刻之、雒之、馳之、驟之、整之、齊之，是卽施馬以教育，將以「明馬」也。彼宗謂似此則違反自然也甚矣。彼其理想的人生，所謂『常德不離，復歸於嬰兒；』所謂『俗人昭昭，我獨昏昏；俗人察察，我獨悶悶；……衆人皆有以，而我獨頑似鄙。』（俱老子）嬰兒也，昏昏也，悶悶也，頑鄙也，皆愚而不明之狀態也。是故不獨『非以明民，將以愚之』也。亦可謂『非以明我，將以愚之。』然則竟謂彼宗爲徹底的排斥教育可乎？恐又未必然。排斥教育，則老子著五千言，莊子著三十三篇，又奚爲者？然則吾將爲彼宗杜撰一徽號焉，曰：

主張「愚的教育。」老子曰：

『爲學日益，爲道日損。』

「日益」者，智的敎育也；「日損」者，卽愚的敎育也。夫敎育目的，固不徒在增加智識而已，洗鍊感情，樹立意志，皆當有事焉。然則「日損」的敎育，謂之非敎育焉，固不可也。

法家懸法以馭民，其術似與敎育異，實則不然。彼宗固亦欲以法達其敎育之目的也，其言曰：『今有不才之子，父母怒之弗爲改，鄉人譙之弗爲動，師長敎之弗爲變。夫以父母之愛，鄉人之行，師長之智，三美加焉，而終不動其脛毛。……州部之吏，操官兵，推公法，而求索姦人，然後恐懼變其節，易其行矣。故父母之愛，不足以敎子，必待州部之嚴刑者，民固驕於愛，聽於威矣。』(韓非子五蠹篇)

法家固承認敎育之必要及其功用，但其敎育所挾持之工具與餘宗異，其所認爲能實施敎育之人，亦與餘宗異。彼所主張者：

『無書簡之文，以法爲敎。無先生(今本作王從顧廣圻校改)之語，以吏爲師。』(同上)

彼宗欲將一切敎育悉納入於此種「官立法政專門學校」之中，且敎課不講學理，惟解釋法律條文；敎師不用學者，惟委諸現職官吏。而且實際的敎育，並不在學校。官廳也，軍隊也，監獄也，卽實行敎育之主要場所也。以爲誠能如是，則

『法制不議，則民不相私；刑殺毋赦，則民不偷於爲善；爵祿毋假，則下不亂其上；三者藏於官則爲法，施於國則成俗。』(管子法禁篇)

法家最後目的，仍在『施於國以成俗，』是法治亦敎育之一手段也。其與儒家異者，儒家之敎

育，教人做人；法家之教育，教人做彼宗理想中之國民。譬之如貨主欲得某種貨物，繪成圖樣，向工廠定造，廠主則鑄定一型，將原料納入之，務使產品齊一，『中效則是，不中效則非。』（墨子小取篇文）換言之，則不管各人個性如何，務同治之於國家所欲得之定型。求諸歐洲古代，則希臘之斯巴達；近代則大戰前之普魯士。其教育精神，殆全與此同。即現代各國所謂國家教育政策，其視彼亦不過五十步與百步而已。

管子一書不能指爲純粹的法家言，中多糅合儒道法三家思想者，其論教育方法，殊別有理趣。其言曰：

『士農工商四民者，國之石民也，不可使雜處。雜處則其言哤，其事亂。是故聖王之處士，必於閒燕；處農，必就田野；處工，必就官府；處商，必就市井。今夫士，羣居而州處，閒燕則父與父言義，子與子言孝。……旦暮從事於此以教其子弟，少而習焉，其心安焉，不見異物而遷焉，是故其父兄之教不肅而成，其子弟之學不勞而能，是故士之子常爲士。今夫農，羣萃而州處，……旦暮從事於田野，……沾體塗足，暴其髮膚，盡其四支之力，以從事於田野。少而習焉，其心安焉，不見異物而遷焉，是故其父兄之教不肅而成，其子弟之學不勞而能，是故農之子恆爲農。今夫工，羣萃而州處，……是故工之子恆爲工。今夫商，羣萃而州處，……是故商之子恆爲商。』（小匡篇）

此種制度甚奇，欲將人民從職業上畫分區域以施教育，雖未必能嚴格實現，然不可謂非一種有研究價值之理想也。其目的在使人人代代同鑄一型，不脫法家臭味。然其利用模仿性以施感化力，亦頗參儒家精神焉。管子之言軍國民的教育，尤含妙義，其言曰：

『作內政而寓軍令焉，……內教既成，令不得遷徙。故卒伍之人，人與人相保，家與家相愛；少相居，長相游，祭祀相福，死喪相恤，禍福相憂，居處相樂，行作相和，哭泣相哀。是故夜戰其聲相聞，足以無亂；晝戰其目相見，足以相識；驩欣足以相死。是故以守則固，以戰則勝，君有此教士三萬人，以橫行於天下。……』（同上）

此眞斯巴達之教也。最當注意者，彼全從羣眾心理著眼，目的在使人『驩欣足以相死。』夫死爲人所同惡，而「教士」乃能易以驩欣，則其認教育之效能也至矣。

墨家教育，以宗教爲源泉，而用人格的注射以保其活力。所謂宗教者，非徒靈界的信仰之謂。墨家固有「天志」「明鬼」諸義，然彼未嘗言天堂、言來生。其與耶回一類之宗教，性質實不從同。吾所以指墨家爲宗教者，謂其賦予主義以宗教性。夫革命排滿，本一主義耳。在前清末年，則含有宗教性。共產本一主義耳，其在馬克思派之黨徒中，則含有宗教性。主義成爲宗教性，則信仰之者，能殉以身，義無反顧，故

『墨子服役者（案即弟子也韓非子五蠹篇云仲尼服役者七十人即指七十子與此文同）百八十人，皆可使赴火蹈刃，死不旋踵。』（淮南子）

蓋宗教本最高情感之產物，而墨家教育，殆純以情育爲中心也。而其所以能『徒屬充滿天下』

（呂氏春秋尊師篇稱贊墨子語）者，則又其極偉大極崇高之人格感化力有以致之。此學者所最宜留意也。

右所語者，墨家在當時教育活動之事實也，其價值實至偉大。至彼宗之教育理論及方法，則不外用政治手段『壹同天下之義，』使人人皆『棄其不善言，學天子之善言；棄其不善行，學天子之善行；』殆無甚可述焉。儒家認教育萬能，其政治以教育為基礎——謂不經教育之民，無政治之可言；又以教育為究竟——謂政治所以可貴者，全在其能為教育之工具。荀子云：

『君子治治，非治亂也。……然則國亂將弗治與？曰國亂而治之者，非案亂而治之之謂也，去亂而被之以治。人汙而修之者，非案汙而修之之謂也，去汙而易之以修。故去亂而非治亂也，去汙而非修汙也。』（不苟篇）

大學引康誥曰：『作新民；』易文言傳曰：『不易乎世，不成乎名；』論語記孔子言曰：『天下有道，丘不與易；』孟子曰：『亦以新子之國。』新民、新國、易世、易天下，以今語釋之，則亦曰革新社會而已。法家之『道之以政，齊之以刑，』儒家則謂為苟且之治，無他，以其欲案亂而治也。夫案亂而治，治之或且益其亂，不見今日之民國乎？案亂而集國會，國會集、滋益亂。案亂而議聯省，聯省建、恐滋益亂。案亂而言社會主義，社會主義行、恐滋益亂。何也？法萬變而人猶是人，民不新，世不易，安往而可也？論語記：

『子之武城，聞絃歌之聲，夫子莞爾而笑曰：割鷄焉用牛刀？子游對曰：昔者、偃也，聞諸夫子曰：君子學道則愛人，小人學道則易使也。子曰：二三子，偃之言是也，前言戲之耳。』

儒家之視一都一邑一國乃至天下，其猶一學校也；其民則猶子弟也；理想政治之象徵，則『絃歌之聲』也。所謂『絕惡於未萌，起敬於微眇；』所謂『移風易俗，美善相樂；』卽儒家政治唯一之出發點，亦其唯一之歸宿點也。此無他焉，亦曰去亂而被之以治云爾。

儒家教育，專以人格的活動爲源泉。彼惟深知夫人格由「相人偶」而始能成立，始能表現，故於人格交感相發之效，信之最強。其言曰：

『唯天下至誠，爲能盡其性，能盡其性，則能盡人之性。……』（中庸）

又曰：

『至誠而不動者，未之有也，不誠未有能動者也。』（孟子）

至誠者何？盡性者何？卽「眞的人格之全部的活動表現」而已。我之人格，爲宇宙全人格之一部，與一切人之人格相依相盪，我苟能擴大我所自覺之人格，使如其量（能盡其性），而以全人格作自強不息的活動，則凡與我同類之人，未有不與我同其動者也。儒家所信之敎育萬能，專在此點。明乎此，則讀一切儒書皆可無閡，而彼宗政治與敎育同條共貫之理，可以瑩澈矣。

人格的敎育，必須以施敎者先有偉大崇高之人格爲前提。此其事不可以望諸守繩墨、奉故事之官吏也明矣。故不特法家『以吏爲師、以法爲敎』之主張在所排斥也，卽凡一切官學之以詩書禮樂爲教者，皆未足以語此。故孔子首創私人講學之風，以求人格教育之實現。孔子以前之教育事業，在家塾、黨、庠、鄉、序、國學，大率爲家族地方長老所秉領、或國家官吏所主持。私人而以教育爲專業者，未之前聞。有之，自孔子始。孔子以一布衣養徒三千，本其『有教無類』之精神，自搢紳子弟以至駔儈大盜，皆『歸斯受之，』以智仁勇爲教本，以詩、書、執禮、執射、執御、等爲教條，『大小精粗，其運無乎不在，』（莊子天下篇文）其所確然自信者，則

『一日克己復禮，天下歸仁焉；』（論語）

『君子居其室，出其言善，則千里之外應之。』（易繫辭傳）

『本諸身，徵諸庶民，……動而世爲天下道，行而世爲天下法，言而世爲天下則。』（中庸）

夫以一個私人，出其真的全人格以大活動而易天下，『自生民以來，未有盛於孔子也。』（孟子文）夫儒家固以政治教育合一爲職志者也，故孔子終身爲教育活動，即終身爲政治活動也，故曰：『是亦爲政，奚其爲政』也。

第二十章 生計問題

道家蓋不認生計問題爲政治問題，彼宗以『見素抱樸、少私寡欲、』爲教，謂

『五色令人目盲，五音令人耳聾，五味令人口爽，馳騁畋獵令人心發狂，難得之貨令人行妨。』

其旨在敎人盡黜物質上欲望，果能爾者，則生計當然不成問題。雖然，彼固欲人之『甘其食、美其服，』而又欲其『復結繩而治，老死不相往來，』一章之中，而兩種事實已衝突，實不徹底之談也。但彼宗既置此問題於不論不議之列，則吾儕研究此問題時，亦可置彼宗於不論不議之列。

先秦諸哲言生計者，法家特注重生產問題，儒家特注重分配問題，墨家則兩方面皆顧及，而兩方面皆不甚貫澈，此其大較也。

法治主義之最初實行者，自李悝。而在我國生計學史上，始用科學的精密計算法以談生計政策者，卽李悝也。漢書食貨志記其學說之大概曰：

『李悝爲魏文侯作盡地力之敎，以爲地方百里，提封九萬頃，除山澤邑居參分去一，當田六百萬畝。治田勤謹，則畝益三升；不勤、則損亦如之。地方百里之增減，輒爲粟百八十萬石矣。

又曰：糴甚貴傷民，甚賤傷農。民傷則離散，農傷則國貧。故甚貴與甚賤，其傷一也。善爲國者，使民無傷而農益勸。今一夫挾五口，治田百畝，歲收畝一石半，爲粟百五十石，除十一之稅十五石，餘百三十五石。食、人月一石半，五人終歲爲粟九十石，餘有四十五石。石三十，爲錢千三百五十，除社閭嘗新春秋之祠用錢三百，餘千五十。衣、人率用錢三百，五人終歲，用千五百，不足四百五十。（顏注曰少四百五十不足也）不幸疾病死喪之費及上賦斂，又未與此，此農夫所以常困，有不勸耕之心，而令糴至於甚貴者也。是故善平糴者，必謹觀歲有上中下孰（同熟）。上孰、其收自四，餘四百石（張晏曰平歲百畝收百五十石今大孰四倍收六百石）中孰自三，餘三百石。下孰自倍，餘百石。小饑則收百石，中饑七十石，大饑三十石。故大孰則上糴三而舍一，中孰則糴二，下孰則糴一，使民適足，賈（同價）平則止。小饑則發小孰之所斂，中饑則發中孰之所斂，大饑則發大孰之所斂，而糴之。故雖遇饑饉水旱，糴不貴，而民不散，取有餘以補不足也，行之魏國，國以富強。』

此爲我國最古之生計學說，吾故錄其全文如右。此學說之要點有二：一曰『盡地方，』所以獎厲私人生產也；二曰「平糴，」所以行社會政策，用政府之力，以劑私人之平也。當時主要生計惟農業，故所規畫亦限於此。戰國中葉以後，工商業驟昌，兼并盛行，而農益病，於是言生計者分重農主義、重商主義之兩派，商君書蓋重農派之作品也。管子中一部分，則重商派作品也。

（註一七）商君書曰：

『重關市之賦，則農惡商，商有疑惰之心。農惡商，商疑惰，則草必墾矣。以商之口數，使商令之，斯輿徒重者必當名，（此三句有譌字）則農逸而商勞。農逸則良田不荒，商勞則去商，……則草必墾矣。……』（墾令篇）

書中此類文甚多，茲不枚舉。蓋商君書爲秦人所作，秦開化較晚，宜以農立國而不以工商，故重農主義行焉。當時各國，又皆以民寡爲病，故人口問題，又爲言生計者所最重視。(註一八)商君書中有專篇以論此政策，其言曰：

『今秦之地方千里者五，而穀土不能處二，田數不滿百萬，其藪澤谿谷名山大川之材物貨寶，又不盡爲用，此人不稱土也。秦之所與鄰者三晉也，所欲用兵者韓魏也，彼土狹而民衆，其宅參居而幷處，其寡萌賈息，民上無通名，下無田宅，而恃姦務末作，……此其土之不足以生其民也。以(同已)有過秦民之不足以實其土也。……今王發明惠，諸侯之士來歸者，……復之三世，無知軍事。……今以草茅之地，來三晉之民，而使之事本，此其損敵也，與戰勝同實。而秦得之以爲粟，此反行兩登之計也。』(來民篇)

秦人蓋實行此政策，卒以富強而幷天下焉。同時有相反的學說盛於齊。齊開化較早，自春秋以來，已『冠帶衣履天下』(史記貨殖傳文)工商業爲諸國冠，故齊人所撰管子，含有重商主義的傾向，其言曰：

『黃金者用之量也。辨於黃金之理，則知侈儉。知侈儉，則百用足矣。故儉則傷事，侈則傷貨。儉則金賤，金賤則事不成，故傷事。侈則金貴，金貴貨賤，故傷貨。』(立政篇)

又曰：

『五穀食米，民之司命也。黃金刀幣，民之通施也。故善者執其通施以御其司命，故民力可得而盡也。』(國蓄篇)

彼宗以爲貨幣有衡馭百物之性能，而糧食之在百物中，其性質又最爲特別。（今世治生計學者仍認糧食爲特種貨物不能僅以一般貨物之原則支配之）能善筦兩者之鍵而操縱之，則可以富國。彼宗以爲豪強兼幷之弊，皆由私人操縱此兩者而起，其言曰：

『歲有凶穰，故穀有貴賤。令有緩急，故物有輕重。然而人君不能治，（案言政府無辦法也）故使蓄賈（案言蓄財之富商也）游市，（案言游手之市儈也）乘民之不給，百倍其本，分地若一，強者能守。分財若一，智者能收。智者有什倍人之功，（房注云以一取什）愚者有不賡本之事，（房注云賡猶償也）故民有相百倍之生也。（案謂貧富相去以百倍計也）夫民富則不可以祿使也，貧則不可以罰威也。法令之不行，萬民之不治，由貧富之不齊也。』（同上）

彼宗以爲若一任私人之自由競爭，則富商奸儈以智術操縱，必至兼幷盛行而貧富日以懸絕。政府苟『不能鈞（同均）羨（餘也）不足以調民事，則雖強本趣耕，且鑄幣無已，乃今使民下相役耳，（房注云徒使豪強侵奪貧弱）惡能以爲治乎。』（國蓄篇文）然則救濟之法奈何？彼宗曰：

『凡輕重之大利，以重射輕，以賤泄平。萬物之滿虛，隨財准平而不變。衡絕則重見，人君知其然，故守之以准平。……耒耜器械鍾饟糧食畢取贍於君，故大賈蓄家，不得豪奪吾民矣。……

凡五穀萬物之主也，穀貴則萬物必賤，穀賤則萬物必貴。兩者爲敵則不俱平。故人君御穀物之迭相勝，而操事於其不平之間。……』（國蓄篇）

其所主張之政策，以今語說之則「資本國有」、「商業官營」是已。不特此也，彼宗更主張鹽鐵兩種工業悉歸國有，即以爲國家收入之財源，其言曰：

『桓公問於管子曰：吾欲藉（案藉者徵稅也）於臺雉，（案謂建築物）何如？管子對曰：此毀成也。吾欲藉於樹木？管子對曰：此伐生也。吾欲藉於六畜？管子對曰：此殺生也。吾欲藉於人何如？管子對曰：此隱情也。桓公曰：然則吾何以爲國？管子對曰：唯「官山海」爲可耳。……海王之國，謹正鹽筴，……十口之家，十人食鹽。……終月、大男食鹽五升少半，大女食鹽三升少半，吾子（房注云吾子謂小男小女）食鹽二升少半。……萬乘之國，人數開口千萬也，禺筴之商，日二百萬。（房注云禺讀爲偶偶對也商計也對其大男大女食鹽者之口數而立筴以計所稅之鹽一日計二百萬）……月人三十錢之籍，爲錢三千萬。……使君施令曰：吾將籍於諸君吾子則必囂號。今夫給之鹽筴，則百倍歸於上，人無以避此者，數也。今鐵官之數曰，一女必有一鍼一刀，若其事立（房注云若猶然後）耕者必有一耒耜一銚，若其事立。不爾而成事者天下無有。今鍼之重加一也，三十鍼，一人之籍。刀之重加六，五六三十。五刀，一人之籍也。……其餘輕重，皆准此而行。然則舉臂勝事，無不服籍者。……』（海王篇）

此言將鹽鐵兩業，收歸官營，即加其價以爲稅。如此既合於租稅普遍之原則，亦使私人無由獨占而罔利也。此種工商業及資本悉歸國有之主張，在今日歐洲，有已實行者；有方在運動鼓吹中者。我國則二千年前，既有一部分學者昌言之矣。

彼宗不徒以此均國內之貧富而已，更利用其國家資本主義以從事侵略。管子書中造設一史蹟以說明其理曰：

『桓公曰：吾欲下魯梁，何行而可？管子對曰：魯梁之民俗為綈，公服綈，令左右服之，民從而服之，公因令齊勿敢為，必任於魯梁，則是魯梁釋其農事而作綈矣。桓公曰：諾。……管子告魯梁之賈人曰：子為我致綈千匹，賜子金三百斤，什至而金三十斤，則是魯梁不賦於民，財用足也。魯梁之君聞之，則教其民為綈。十三月而管子令人之魯梁，魯梁郭中之民，道路揚塵，十步不相見，絏繑而踵相隨。……管子曰：魯梁可下矣。公曰：奈何？對曰：公宜服帛，率民去綈，閉關毋與魯梁通使。公曰：諾。後十月，管子令人之魯梁，魯梁之民，餓餒相及。……魯梁之君，卽令其民去綈修農，穀不可以三月而得，魯梁之民糴十百，齊糴十錢。二十四月，魯梁之民歸齊者十分之六。三年，魯梁之君請服。』（輕重戊篇）

此雖未必果為事實，然以說明一種學理，則甚明瞭矣。夫英國人所以汲汲於殖民帝國之建設，而大戰時惴惴以封鎖為懼者，皆以此也。而現代列強所慣用之生計侵略政策，亦大率由斯道也。

要而論之，法家者流之生計政策，無論為重農為重商，要皆立於國家主義基礎之上，所謂『

我能爲君闢土地、充府庫，』孟子所斥爲「民賊」者也。雖然，確能爲斯學發明許多原則，二百年前之歐洲，殆未足望其肩背也。墨家對生計問題，最注重者亦在生產。然其說生產也，與消費觀念相連，謂消費不枉濫，卽所以爲生產也。故其最重要之敎義曰「節用。」其節葬、非樂、非攻、諸義，皆從此引出，其言曰：

『聖人爲政一國，一國可倍也。大之爲政天下，天下可倍也。其倍之非外取地也，因其國家，去其無用之費，足以倍之。聖王爲政，其發令與事使民用財也，無不加用而爲者，是故用財不費，民德不勞。……有去大人之好聚珠玉鳥獸犬馬，以益衣裳宮室甲盾舟車之數於數倍乎，若則不難。』（節用上）

又曰：

『古者聖王制爲節用之法曰：凡天下羣百工，……陶冶梓匠，使各從事其所能。曰：凡足以奉給民用則止。諸加費不加於民利者，聖王弗爲。』（節用上）

掃除貴族富族之奢侈品，而以製造彼等之勞力、移諸日用必需品之製造，則生產力自可加數倍。此墨家生計學說最主要之點也。其大意前既論及，今不更贅。墨家亦注意人口問題，而有一奇異之結論焉，曰：主張早婚，其言曰：

『孰爲難倍？唯人難倍。然人有可倍也。昔者先王爲法曰：「丈夫年二十，毋敢不處家；女子年十五，毋敢不事人。」……聖王既沒，于民次也。（孫詒讓云次讀爲恣言恣民之所欲）

其欲蚤處家者，有所二十年處家；其欲晚處家者，有所四十年處家。以其蚤與其晚相踐，（案相踐謂相抵平均也）後聖王之法十年。若純三年而字，子生可以二三人。（今本作年從戴震校改）矣。』（節用上）

其說當否，另一問題。要之與墨家實利主義相一貫也。

墨家之專以節用言生計，荀子非之，其言曰：『墨子之言，昭昭然爲天下憂不足，夫不足非天下之公患也，特墨子之私憂過計也。……天下之公患，亂傷之也。胡不嘗試相與求亂之者誰也，我以墨子之非樂也，則使天下亂。墨子之節用也，則使天下貧。非將墮之也，說不免焉。……故墨術誠行，則天下尙儉而彌貧，非鬪而日爭，勞苦頓萃而愈無功，愀然憂戚非樂而日不和。……』（富國篇）荀子本篇之文甚長，其所詰難不甚中肯綮，故不多引。至所謂『勞苦頓萃而愈無功……』云云，則誠中墨術之病，墨家蓋不解「勞作能率」之意義也。

荀子所謂『不足非天下之公患』，確爲儒家一重要信條。孔子曰：『丘也聞有國有家者，不患寡而患不均，不患貧而患不安。故均無貧，和無寡，安無傾。』（論語）

董仲舒釋之曰：『孔子曰：「不患寡而患不均；」故有所積重，則有所空虛矣。大富則驕，大貧則憂；憂則爲盜，驕則爲暴；此衆人之情也。聖者則於衆人之情，見亂之所從生。故其制人道而差

上下也，使富者足以示貴而不至於驕，貧者足以養生而不至於憂。以此爲度而調均之，是以財不匱而上下相安。』（春秋繁露調均篇）

儒家言生計，專重一「均」字。其目的則在裁抑其所積重而酌劑其所空虛，故精神最注分配問題。然於生產消費諸問題，亦並不拋卻，其言曰：

『生之者衆，食之者寡；爲之者疾，用之者舒；則財恆足矣。』（大學）

此十六字者，語雖極簡，然於生計原理，可謂包舉無遺。儒家言生計學，專以人民生計或社會生計爲主眼。至於國家財政，則以爲只要社會生計問題得正當解決，財政便不成問題，故冉有言志曰：

『可使足民；』（論語）

有若對魯哀公問曰：

『百姓足，君孰與不足？百姓不足，君孰與足？』（論語）

至如法家者流之富國政策，儒家蓋以毫不容赦的態度反對之，故曰：

『與其有聚斂之臣，寧有盜臣。此謂國不以利爲利，以義爲利也。長國家而務財用者，必自小人矣。彼爲善之，小人之使爲國家，菑害並至。雖有善者，亦無如之何矣，此謂國不以利爲利，以義爲利也。』（大學）

又曰：

『君不鄉道，不志於仁，而求富之，是富桀矣。』（孟子）

古代君主與國家界限不分明。富國卽無異富君。所謂『地之生財有時，民之用力有倦，而人君之欲無窮，以有時與有倦養無窮之君，而度量不生於其間，則上下相疾也。』（管子權修篇文）儒家所以反對富國者，蓋在此點。不寧惟是，卽如現代所謂國家主義者，其財政雖非以依君主之內府，然亦當『取諸民有制。』（孟子文）蓋有所積重，必有所空虛。積重於君主，積重於人民中之一部分私人，固不可；積重於國家，猶之不可也。何也？積重於國家，則空虛必中於箇人，以國家吞滅箇人，結局亦非國家之利也。此儒家所以反對『長國家而務財用』也。

儒家言生計，不採干涉主義，以爲國家之職責，惟在『勤恤民隱而除其害，』凡足以障礙人民生產力者，或足以破壞分配之平均者，則由國家排除之防止之，餘無事焉。如是，聽人民之自爲謀，彼等自能『樂其樂而利其利』也，故曰：

『不違農時，穀不可勝食也；數罟不入洿池，魚鼈不可勝食也；斧斤以時入山林，材木不可勝用也。』（孟子）

又曰：

『兼足天下之道在明分。……兼而覆之，兼而愛之，兼而制之，歲雖凶敗水旱，使百姓無凍餒之患，則是聖君賢相之事也。』（荀子富國篇）

儒家對生計問題之主要精神略如此。至於其發爲條理者，如孟子言井田，荀子言度量分界，已散見前章，不復具論焉。

第二十一章　鄉治問題

歐洲國家，積市而成。中國國家，積鄉而成。此彼我政治出發點之所由歧，亦彼我不能相學之一大原因也。是故我國百家之政論，未有不致謹於鄉治者。其在道家，彼所理想之社會，所謂：

『小國寡民，……雞犬之聲相聞，民至老死不相往來。』（老子）

此則無數世外桃源之村落而已。其在墨家、所謂：

『里長、里之仁人；……鄉長、鄉之仁人；……』（墨子尚同篇）

蓋一切政治教化，皆以鄉與里爲基本也。其在法家，則言鄉治益纖悉周備矣。管子曰：

『野與市爭民，……鄉與朝爭治。』（權修篇）

『朝不合眾，鄉分治也。』（同上）

若歐洲之今日，蓋市盡奪野之民；卽中國之今日，亦朝盡攘鄉之治者也。吾儕讀管子此數句極簡之文字，竊歎其在千歲之上，乃道出今日全人類之時敝若睹火也。其鄉治之規模奈何？彼書曰：

曰：

『分國以爲五鄉，鄉爲之師；分鄉以爲五州，州爲之長；分州以爲十里，里爲之尉；分里以爲十游，游爲之宗。十家爲什，五家爲伍，什伍皆有長焉。築障塞匿，一道路，博出入，審閭閈，愼筦鍵，筦藏于里尉，置閭有司以時閉。有司觀出入者以復于里尉，凡出入不時，衣服不中，圈屬羣徒不順於常者，閭有司見之，復無時。若在長家子弟臣妾屬役賓客，則里尉以譙于游宗，游宗以譙于什伍，什伍以譙于長家，譙、敬，而勿復。一再則宥，三則不赦。凡孝弟忠信賢良儁材，若在長家子弟臣妾屬役賓客，則什伍以復于游宗，游宗以復于里尉，里尉以復于州長，州長以計于鄉師，鄉師以著于士師。……三月一復，六月一計，十二月一著。凡上賢不過等，使能不兼官，罰有罪不獨及，賞有功不專與焉。……』（管子立政篇）

又曰：

『政既成，鄉不越長，朝不越爵，罷士無伍，罷女無家。士三出妻，逐於境外；女三嫁，入於春穀。是故民皆勉於爲善士。與其爲善於鄉，不如爲善於里。與其爲善於里，不如爲善於家。是故士莫敢言一朝之便，……皆有終身之功。……是故匹夫有善，可得而舉；有不善，可得而誅。政成國安，以守則固，以戰則強。』（管子小匡篇）

此種制度，是否曾全部實行，雖不敢斷言，即以理想論，其高尚周密，則既可師矣。其在儒家孔子云：

『吾觀於鄉而知王道之易易也。』（鄉飲酒義）

論語鄉黨篇記：『孔子於鄉黨，恂恂如也。似不能言者。』『鄉人飲酒，杖者出，斯出矣。』『鄉人儺，朝服而立於阼階。』可謂孔子極喜爲鄉村的生活。儒家好禮，而其所常習之禮，則鄉飲酒、與鄉射也。故司馬遷謁孔林時，猶見孔門後學『習鄉飲、鄉射、於孔子冢。』（史記孔子世家文）鄉飲以教讓，鄉射以教爭。蓋其人格教育之第一步在此焉。

故曰：『觀鄉而知王道之易易也。』孟子井田之制，其目的亦以善鄉治，故曰：

『死徙無出鄉。鄉田同井，出入相友，守望相助，疾病相扶持，則百姓親睦。』

漢儒衍其意以構成理想的鄉治社會曰：

『夫飢寒並至，雖堯舜躬化，不能使野無寇盜；貧富兼幷，雖皋陶制法，不能使強不陵弱。是故聖人制井田之法而口分之，一夫一婦，受田百畝。……五口爲一家，公田十畝。……廬舍二畝半，八家……共爲一井。故曰井田。……

井田之義，一曰無泄地氣，二曰無費一家，三曰同風俗，四曰合巧拙，五曰通財貨。因井田以爲市，故曰市井。……別田之高下善惡，分爲三品。……肥饒不得獨樂，墝埆不得獨苦，故三年一換土易居。……是謂均民力。在田曰廬，在邑曰里。一里八十戶，八家共一巷。中里爲校室，選其耆老有高德者名曰父老。其有辯護伉健者爲里正。皆受倍田得乘馬。父老比三老孝弟官屬，里正比庶人在官者。

民春夏出田，秋冬入保城郭。田作之時，父老及里正，旦開門坐塾上。晏出後時者不得出。暮不持樵者不得入。五穀畢入，民皆居宅，里正趨緝績。男女同巷，相從夜績，至於夜中。故女功一月得四十五日。作從十月盡、正月止，男女有所怨恨，相從而歌，飢者歌其食，勞者歌其事。男年六十、女年五十無子者，官衣食之。使之民間求詩，鄉移於邑，邑移於國，國以聞於天子。故王者不出牖戶，盡知天下所苦；不下堂而知四方。十月事訖，父老敎於校室。八歲者學小學，十五者學大學。其有秀者移於鄉學。……三年耕，餘一年之畜。九年耕，餘三年之積。三十年耕，有十年之儲。雖遇唐堯之水，殷湯之旱，民無近憂，四海之內，莫不樂其業，故曰什一行而頌聲作矣。』（公羊傳宣十五年何注）

此種社會制度，曾否實現，能否全部實行，自屬別問題。要之在物質生活上採合作互助的原則，在精神生活上以深厚眞摯之同情心爲之貫注。儒家所夢想之『美善相樂』的社會，此其縮影矣。嗚呼！今世社會主義者流，有從事於新村生活之創造者，亦何莫非理想！夫天下固先有理想而後有事實也，儒家之鄉治精神，其或實現於今日以後也。

第二十二章　民權問題

民權之說，中國古無有也。法家尊權而不尊民；儒家重民而不重權；道墨兩家，此問題置諸度外；故皆無稱焉。今所欲論者，各家對於「民眾意識」其物，作何觀察，作何批評，作何因應而已。

道家言『非以明民，將以愚之；』言『民之難治，以其智多；』（老子）其絕對的不承認人民參與政治甚明。彼宗實際上殆認政府爲不必要，則不參政者又非獨人民也已。然彼宗以自由爲教，由理論推之，人民欲自由參政者，固當非所禁。

墨家主張『上同而不敢下比，』一國之人上同於國君，天下之人上同於天子。彼宗絕不認箇人之自由權。其所創造者爲教會政治。則人民參政，當然亦不成問題。但彼宗以平等爲教，主張『智者爲政乎愚者。』然則人民中之「智者，」當然認爲應「爲政」者也。

法家中之正統派，（韓非一派）當然不認民權。彼輩言『民可與樂成，難與慮始。』（商君書定法篇）言『民智不可用，猶嬰兒之心。』（韓非子顯學篇）則民除守法之外，不容有所參與也明矣。雖然，彼宗著述中有雜用他宗之言者，則論旨又有別。尹文子云：

『己是而舉世非之，則不知己之是；己非而舉世是之，亦不知己之所非。然則是非隨眾賈

（同價）而爲正，非己所獨了，則犯衆者爲非，順衆者爲是。』

此論最能說明所謂「民衆意識」與所謂「輿論」者之眞性質。民衆意識及輿論，不必其合於理性也。雖然，在某期間內某種羣衆中，其意識之相摩以成輿論也，則勢力至偉而不可禦。夫政治之美與善，本無絕對的標準，然則孰是孰非，交只有聽諸「當時此地」羣衆之評價耳。故曰『是非隨衆價而爲正，非己所獨了』也。是故富於才術之政治家，恆必乘「衆價」以展其懷抱。而富於責任心之政治家，時亦不惜抗「衆價」以自招失敗。尹文此言，則爲乘衆價者言之也。

彼又曰：

『爲善使人不能得從，此獨善也。爲巧使人不能得從，此獨巧也。未盡善巧之理。爲善與衆行之，爲巧與衆能之，此善之善者，巧之巧者也。所貴聖人之治，不貴其獨治，貴其能與衆共治。貴工倕之巧，不貴其獨巧，貴其能與衆共巧也。……獨行之賢，不足以成化；獨能之事，不足以周務；出羣之辯，不可以爲戶說；絕衆之勇，不可與征陣。……是以聖人……立法以理其差，使賢愚不相棄，能鄙不相遺。能鄙不相遺，則能鄙齊功；賢愚不相棄，則賢愚等慮。……』

尹文此論，深有理致。彼蓋欲將法治主義建設於民衆的基礎之上也。近世學者，或言羣衆政治能使政治品質降低，此語確含有一面眞理。蓋羣衆之理性，本視箇人爲低下，（法人盧梭所著羣衆心理最能發明此義）故『媚於庶人』（詩經文）之治，非治之至焉者也。雖然，政治又安能離羣衆而行，『獨能之事，不足以周務；絕眾之勇，不足以征陣；』此事實所不能不承認者也。然則『與眾共治』之原則，固無往而得避也。既已與眾共治，則只能以『能鄙齊功、賢愚等慮、』自甘。現代歐美之民眾政治，蓋全在此種理論上維持其價值。尹文所倡，亦猶是也。

管子書中有對於羣眾爲極高之評價者，其言曰：

『夫民，別而聽之則愚；合而聽之則聖。雖有湯武之德，復合於市人之言，是以明君順人心、安情性、而發於眾心之所聚，是以令出而不稽，刑設而不用。先王善與民爲一體，與民爲一體，則是以國守國、以民守民也，然則民不便爲非矣。』（君臣上篇）

又曰：

『齊桓公問管子曰：吾念（猶欲也）有而勿失，……爲之有道乎？對曰：……毋以私好惡害公正，察民所惡以自爲戒。黃帝立明臺之議者，上觀於賢也；堯有衢室之問者，下聽於人也。……桓公曰：吾欲效而爲之，其名云何？對曰：名曰「嘖室之議。」（房注云謂議論者言語讙嘖）』（桓公問篇）

管子書本儒墨道法羣言雜糅，以上兩段，吾儕不能認爲法家言，毋寧謂其祖述儒家也。其所言『民別而聽之則愚，合而聽之則聖。』認民眾意識之品質視箇人爲高，其當否且勿論。要之，極認識民意價值之言也。所云『嘖室之議，』則竟主張設立法定的民意機關矣。雖其性質非必與現代議會同，且在歷史上亦未嘗實現，然固不可不謂爲一種穎異之理想也。

今最後所欲論者，儒家對於玆事態度如何。儒家以政治設施當以民意爲標準，其主張甚爲堅決明瞭，如

『民之所好好之，民之所惡惡之，此之謂民之父母。』（大學）

類此之語，儒書中不可枚舉。惟人民是否應自進以參與政治，其參與政治方法如何，孔子蓋未嘗明言。論語有

『民可使由之，不可使知之；』

二語，或以爲與老子「愚民」說同。爲孔子反對人民參政之證。以吾觀之，蓋未必然。「不可」二字，似當作「不能彀」解，不當作「不應該」解，孟子曰：

『行之而不著焉，習矣而不察焉，終身由之，而不知其道者衆矣。』

此章正爲彼文注脚。『可以有法子令他們依著這樣做，卻沒有法子令他們知道爲什麼這樣做。』此卽『民可使由不可使知』之義也。例如『愼終追遠，民德歸厚；』『故舊不遺，則民不偸。』使民厚，使民不偸，此所謂『可使由之』也。何以愼終追遠便能厚？何以故舊不遺便不偸？此其理苦難說明，故曰『不可使知』也。儒家無論政治談敎育談，其第一義皆在養成良習慣。夫習慣之養成，全在『不著不察』中，所謂『徙善遠罪而不自知，』故『終身由而不知，』乃固然也。

然則欲以彼二語構成儒家反對民權之讞者，非直寃酷，亦自形其淺薄也。然則儒家主張民權

之證據有之乎？曰：亦無有也。民權云者，人民自動以執行政權之謂。儒家雖言『保民而王，』言『得乎邱民而爲天子，』要之以民爲受治之客體，非能治之主體也。彼宗固極言民意之當尊重，然並不謂對於民意悉當盲從。孔子曰：

『衆好之，必察焉；衆惡之，必察焉。』

孟子曰：

『國人皆曰賢，然後察之；……國人皆曰不可，然後察之。……』

儒家之意，以爲政治家之眼光，當常常注視輿論，又當常常自出其理性以判斷而愼採之。「善鈞從衆，』蓋彼宗之最大信條也。夫採納民意、尙須以「必察」爲條件，則純粹民意之直接統治，不爲彼宗所敢妄贊，有斷然矣。然則儒家果畫然將國人分爲能治與受治之兩階級乎？曰：是殆然，是又殆不然。儒家有所謂能治的階級乎？曰：有之，其名曰「君子。」一切政治由「君子」出，此儒家唯一的標幟，徧徵諸儒書而可信者也。顧所最當注意者，「君子」非表示地位之名詞，乃表示品格之名詞。換言之，則「君子」者人格完成之表稱也。與「君子」相對者爲「小人，」謂人格未成，如幼小之人也。雖民權極昌之國家，亦必以成人爲參政之標準，未有賦予未及齡之「小人」以參政權者，儒家亦然，專以成人爲參政之標準。不過所謂成人者，非生理上之成人，乃人格上之成人耳。儒家以爲人格未完成之「小人」而授之以政，譬猶未能操刀之「小人」而使割也，其傷實多。嗚呼：今之中華民國冒民權之名以亂天下者，豈不以是耶！豈不以是耶！儒家之必以人格的成人爲限制，其烏可以已。

然則此限制爲固定的乎？曰：是蓋不待問而有以知其不然。地位可以有固定，品格不能有固定。儒教最終之目的在『教化流行，德澤大洽，使天下之人人有士君子之行。』（春秋繁露俞序篇）夫天下人人皆成爲「君子，」則儒家「全民政治」實現之時矣。

然則如何而能使人人有士君子之行耶？吾固屢言之矣，人格者，通彼我而始得名者也。故必人格共動互發，乃能馴致人格之完成。『己欲立、而立人，己欲達、而達人；』『一日克己復禮，天下歸仁焉；』是亦在『仁以爲己任』之君子而已矣。

第二十三章　結　論

讀以上諸章，可知先秦諸哲之學術，其精深博大爲何如。夫此所語者，政治思想之一部分耳，他多未及。而其足以羼發吾儕者已如此。『今之少年，喜謗前輩，』或摭拾歐美學說之一鱗一爪以爲抨擊之資，動則『詆其祖』曰：『昔之人無聞知。』嘻！『何其傷於日月乎，多見其不知量也。』

姑舍是。吾儕今日所當有事者，在「如何而能應用吾先哲最優美之人生觀使實現於今日。」此其事非可以空言也，必須求其條理以見諸行事。非可恃先哲之代吾儕解決也，必須當時此地之人類善自為謀。今當提出兩問題以與普天下人士共討論焉。

其一、精神生活與物質生活之調和問題。吾儕確信『人之所以異於禽獸者，』在其有精神生活；但吾儕又確信人類精神生活不能離卻物質生活而獨自存在；吾儕又確信人類之物質生活，應以不妨害精神生活之發展為限度。太豐妨焉，太嗇亦妨焉，應使人人皆為不豐不嗇的平均享用，以助成精神生活之自由而向上。吾儕認儒家解答本問題，正以此為根本精神，於人生最為合理。道家之主張「無欲，」墨家之主張「自苦，」吾儕固認為不可行，但如道家中楊朱一派及法家中之大多數所主張，一若人生除物質問題外無餘事，則吾儕決不能贊同。吾儕認物質生活不過為維持精神生活之一種手段，決不能以之占人生問題之主位。是故近代歐美最流行之「功利主義」「唯物史觀」……等等學說，吾儕認為根柢極淺薄，決不足以應今後時代之新要求。雖然，吾儕須知現代人類受物質上之壓迫，其勢力之暴，迥非前代比。科學之發明進步，為吾儕所不能拒，且不應拒，而科學勃興之結果，能使物質益為畸形的發展，而其權威亦益猖獗。吾儕若置現代物質情狀於不顧，而高談古代之精神，則所謂精神者，終久必被物質壓迫，全喪失其效力。否亦流為形式、以獎虛偽已耳。然則宗唯物派之說，遂足以解決物質問題乎？吾儕又斷言其不可能。現代物質生活之發展於畸形，其原因發於物界者固半，發於心界者亦半。近代歐美學說，——無論資本主義者流，社會主義者流，皆獎厲人心以專從物質界討生活，所謂『以水濟水，以火濟火，名之曰益多。』是故雖百變其途，而世之不寧且滋甚也。吾儕今所欲討論者，在現代科學昌明的物質狀態之下，如何而能應用儒家之「均安主義，」（用論語文意），使人人能在當時此地之環境中，得不豐不嗇的物質生活實現而普及。換言之，則如何而能使吾中國人免蹈近百餘年來歐美生計組織之覆轍，不至以物質生活問題之糾紛，妨害精神生活之向上，此吾儕對於本國乃至對於全人類之一大責任也。

其二、箇性與社會性之調和問題。宇宙間曾無不受社會性之影響束縛而能超然存在的箇人，亦曾無不藉箇性之繰演推盪而能塊然具存的社會。而兩者之間，互相矛盾互相妨礙之現象，亦所恆有。於是對此問題態度，當然有兩派起焉，箇人力大耶？社會力大耶？必先改造箇人方能改造社會耶？必先改造社會方能改造箇人耶？認社會爲箇人而存在耶？認箇人爲社會而存在耶？據吾儕所信，宇宙進化之軌則，全由各箇人常出其活的心力，改造其所欲至之環境，然後生活於自己所造的環境之下。儒家所謂『欲立立人、欲達達人，』『能盡其性、則能盡人之性，』全屬此旨。此爲合理的生活，毫無所疑。墨法兩家之主張以機械的整齊箇人使同治一爐，同鑄一型，結果至箇性盡被社會性呑滅，此吾儕所斷不能贊同者也。雖然，吾儕當知古代社會簡而小，今世社會複而龐。複而龐之社會，其威力之足以壓迫箇性者至偉大，在惡社會之下，則良的箇性殆不能以自存。議會也、學校也、工廠也、……凡此之類，皆大規模的社會組織，以箇人納其間，眇若太倉之一粟，吾儕既不能絕對的主張性善說，當然不能認箇人集合體之羣眾可以無所待而止於至善。然則以客觀的物準整齊而畫一之，安得不謂爲持之有故、言之成理？彼含有機械性的國家主義、社會主義所以大流行於現代，固其所也。吾儕斷不肯承認機械的社會組織爲善美。然今後社會日趨擴大、日趨複雜，又爲不可逃避之事實，如何而能使此日擴複之社會不變爲機械的，使箇性中心之「仁的社會」能與時勢駢進而時時實現，此又吾儕對於本國乃至全人類之一大責任也。

吾確信此兩問題者非得合理的調和，末由拔現代人生之黑暗痛苦以致諸高明。吾又確信此合理之調和必有塗徑可尋。而我國先聖，實早予吾儕以暗示。但吾於其調和之程度及方法，日來往於胸中者十餘年矣，始終蓋若或見之，若未見之。孔子曰：『不憤不啟，不悱不發；』孟子曰：『有終身之憂，無一朝之患也。乃若所憂，則有之。』嗚呼！如吾之無似，其能藉吾先聖哲之微言以有所靖獻於斯世耶？吾終身之憂何時已耶？吾先聖哲偉大之心力，其或終有以啟吾憤而發吾悱也。

附註

註一　齊策蘇秦言：『臨淄七萬戶，車轂擊，人肩摩，連衽成帷，舉袂成幕，揮汗成雨。』雖不無鋪張，要可見都市浡與繁盛之概。

註二　孔子日常用事，如『冉有僕，』『樊遲御，』『闕黨童子將命，』『使門人爲臣，』等皆見於論語。並不見有用奴僕痕跡，此殆當時士大夫通習，非必孔子特倡此平等制也。

註三　子張駔儈、顏濁聚大盜、學於孔子，禽滑釐亦大盜，學於墨子，皆成名賢。

註四　關於老子之疑問，可看汪中述學崔述洙泗考信錄，及拙著學術講演集中評胡適之中國哲學史大綱。

註五　大政治家年表

管仲相齊　（前七〇八—六四三）

子產相鄭　（前五四三—五二二）

范蠡相越　（前四八二—四七二）

李悝相魏　（前四二一—三八七）

吳起相楚　（前四〇一—三八一）

商鞅相秦　（前三五二—三三八）

申不害相韓　（前三五一—三三七）

李斯相秦　（前二三七—二〇八）

註六　大戴記云『六十以上，上所養也，十五以下，上所長也。』「上」卽國家或社會之代詞。

註七　君字不能專作王侯解。凡社會組織，總不能無長屬關係。長卽君，屬卽臣。例如學校師長卽君，生徒卽臣。工廠經理卽君，廠員卽臣。師長對生徒，經理對廠員，宜止於仁。生徒對師長所授學業，廠員對經理所派職守，宜止於敬。不特此也，凡社會皆以一人兼君臣二役，師長對生徒爲君，對學校爲臣，乃至天子對天下爲君，對天爲臣，儒家所謂臣，應作如是解。

註八　君君臣臣父父子子，則名實相應，斯可貴。君不君臣不臣，……則名不副實，斯可賤。此文「明貴賤」當作如是解，非指地位之尊卑言。

註　九　繁露深察名號篇，舉命名之一例云：『合五科以一言，謂之君。君者元也，君者原也，君者權也，君者溫也，君者羣也。』此言君之一名，含有此五種屬性，必具此五乃副君名，缺一則君不君矣。

註一〇　孔子常言君子，君子卽指有偉大人格可以爲羣衆表率者。如『君子篤於親則民興於仁，』『君子之德風，小人之德草』等，皆當如是解。

註一一　荀子樂論篇與小戴記中之樂記，文義相同者甚多，疑樂記本諸荀子也。

註一二　孔子謂韶盡美矣，又盡善也；謂武盡美矣，未盡善也，美善一是孔子理想的人格。

註一三　不爲天下先，與儒家所謂禮讓若相近，而實大異。禮讓由同情心發出，其性質屬於社會的；不爲先之目的，在以不材保天年，其性質純爲箇人的。

註一四　羅素最心醉道家言，蓋彼正詛呪現代文明之一人也。

註一五　刑與刑爲兩字。說文云『刑剄也，』以刎頸爲訓，與法字殊義。

註一六　米奇維里 Machiavelli 1469 生 1527 死，意大利人。著有「君主政治論」一書。歐洲人以爲近世初期一名著也。其書言內治外交皆須用權術，十八九世紀之政治家多視爲枕中鴻祕。

註一七　管子商君書皆戰國末年人所作，非管仲商鞅自著，說已見前。管子尤厖雜，各派學說皆雜收，卽以生計學論，亦重農重商參半也。

註一八　當時人口問題與瑪爾梭士人口論所研究者正相反，瑪氏患人多，當時患人少也。

附錄：先秦政治思想

（在北京法政專門學校五四講演）

一

先秦政治思想有研究的價值嗎？政治是現代的，是活的，研究政治的人，研究到二千年前書本上的死話，他們的社會組織和我們不同，他們所交接的環境和我們不同，他們所要解決的問題和我們不同，研究他們的思想有什麼用處呢？不錯。我且問，歐美的社會組織和我們同嗎？所交接的環境和我們同嗎？所要解決的問題和我們同嗎？我們爲什麼要研究歐美政治思想？須知具體的政治條件，是受時間空間限制的；抽象的政治原則，是不受時間空間限制的。『政治學』是要發明政治原則，再從原則上演繹出條件來。那麼，凡關於講政治原則的學說，自然都是極好的研究資料，沒有什麼時代的區別和地方的區別。所以我覺得研究先秦政治思想和研究歐美政治思想，兩樣的地位和價値，都差不多。說是空話，都是空話，說有實用，都有實用。

政治是國民心理的寫照。無論何種形式的政治，總是國民心理積極的或消極的表現。積極的表現，是國民心目中有了某種理想的政治，努力把他建設起來。消極的表現，是國民對於現行政治、安習他，默認他。凡一種政治所以能成立、能存在，不是在甲狀態之下，卽是在乙狀態之下。所以研究政治，最要緊的是研究國民心理。要改革政治，根本要改革國民心理。國民心理固然是會長會變，但總是拿歷史上遺傳做根核。遺傳的成分，種類很多，而以先代賢哲的學說爲最有力。因爲他們是國民心中的偶像，國民崇拜他們，他們說的話像一顆穀種那麼小，一代一代的播殖在國民心中，他會閙枝發葉成一大樹。所以學政治的人，對於本國過去的政治學說，絲毫不能放過，好的固然要發揚他，壞的也要察勘他，要看清楚國民心理的來龍去脈，纔能對證下藥。

『先秦』這個名詞，指的是春秋戰國時代。那時代是中國歷史上變動最劇的時代。當時所謂諸夏，所謂夷狄，以同一速率的發展，惹起民族大混合。社會組織，從封建制度全盛以至崩壞，從貴族階級成立以至消滅，經無數波瀾起伏，中間還有好幾個國，屬於別系文化。把一種異樣的社會組織攙進來，經濟狀況日日變動，人口比從前加增，交通比從前頻繁，工商業漸漸發生，大都市漸漸成立，土地由公有變爲私有。幾個大國對立，一面努力保持均勢，一面各求自己勢力增長。政治上設施，常常取競走態度。經唐虞三代以來一千多年文化的蓄積，根柢已很深厚，到這時候盡情發洩；加以傳播思想的工具日益利便，國民交換智識的機會甚多，言論又極自由。合以上種種原因，所以當時思想界異常活潑，異常燦爛。不惟政治，各方面都是如此。我們的民族性，又是最重實際的。無論那一派的思想家，都以濟世安民為職志。差不多一切議論，都歸宿到政治。所以當時的政治思想，眞算得百花齊放，萬壑爭流。後來從秦漢到清末，二千年間，都不能出其範圍。我們若研究過去的政治制度、政治狀態，自然時代越發近越發重要。若研究過去的政治思想，僅拿先秦做研究範圍，也就够了。

二

先秦學派最有力的四家：一儒家、二道家、三墨家、四法家。先秦政治思想，有四大潮流：一無治主義，二人治主義，三禮治主義，四法治主義。把四潮流分配四家，系統如下：

無治主義——道家
禮治主義——儒家
人治主義——墨家
法治主義——法家

無治主義，等於無政府主義，是道家所獨倡。有許行一派。後人別立一名叫做農家，其實不過道家支流。這種主義，結果等於根本取消政治。所以其餘三家都反對他。但他的理想，卻被後來法家采用一部分去。禮治主義，是儒家所獨有，其餘三家都排斥他。但儒家實是人治禮治並重。他最高的理想，也傾向到無治。惟極端的排斥法治。人治主義，本來是最素朴平正的思想，所以儒墨兩家都用他。墨家因爲帶宗教氣味最深，所以他的人治也別有一種色彩。然而專講人治到底不能成爲一派壁壘，所以墨家的末流，也趨到法治。法治主義是最後起最進步的，因這個主義，纔成了一個法家的學派名稱。其實這一派的學說，也可以說是將道儒墨三家之說鎔鑄而成。

我們要研究四家的政治學說，墨家的書，只有一部墨子。道家的書，向來以老子、列子、莊子、三部爲中心。列子是僞書，應該剔去；莊子談政治的地方甚少，可以不看；最主要的還是一部老子。儒家的書，以論語、孟子、荀子、爲中心；禮記裏頭，也有許多補助資料。法家的書以尹文子、韓非子、爲中心；管子和商君書，雖然不是管仲和商鞅所作，卻是法家重要典籍，應該拿來參考。我這回講義的取材，就以這幾部書爲範圍。

三

在分講這幾個主義以前，先講各家共通的幾點。這幾點或者就可以認爲中國人政治思想的特色。

第一、中國人深信宇宙間有一定的自然法則，把這些法則適用到政治，便是最圓滿的理想政治。這種思想發源甚古，我們在書經詩經裏頭，可以發見許多痕跡，書經說：

『天敍有典，勑我五典五惇哉。天秩有禮，自我五禮有庸哉。』

『天乃錫禹洪範九疇，彝倫攸敍。』

詩經說：

『天生烝民，有物有則，民之秉彝，好是懿德。』

『不識不知，順帝之則。』

所謂『天，』其實是自然界代名詞。老子所證『道法自然，』孔子所謂『天垂象、聖人則之；』墨子所謂『立天志以爲儀式；』都是要把自然界的理應用到人事。這一點是各派所同認。惟實現這自然法則的手段，各家不同。主張無治主義的，以爲只要放任人民做去，他會循自然法則而行，稍爲干涉，便違反自然了。主張人治主義的，以爲這抽象的自然法則，要有個具體的人去代表他，得這個人做表率，自然法則便可以實現。主張禮治主義的，以爲要把這自然法則演出條目來，靠社會的制裁力，令人遵守。主張法治主義的，以爲社會的制裁力還不夠，要把這些自然法則變爲法律，用國家的制裁力實行他。四派的分別在此。

我們試檢查這種根本思想對不對，有無流弊？頭一件先問自然法則到底有無？說有罷，用什麼標準把他找出來？找出來是否眞對？這兩個問題，我們都有點難於答覆。我們的先輩，既已深信有自然法則，而且信那自然法則是普徧的，固定的，所以思想不知不覺就偏於保守，養成傳統的權威，這是第一種流弊；認自然爲至善的境界，主張人類要投合他、效法他，容易把人的個性壓倒。這是第二種流弊。好在客觀的自然法則，總要經過人類主觀的關門纔表現出來。人類對於自然界的觀念，常常會變遷、會進步，他所認的自然法則也跟着變遷進步，所以這種思想，若能善於應用，也不見得有多大毛病。

第二、君位神授，君權無限，那一類學說，在歐洲有一個時代很猖獗。我們的先哲大抵都不承認他是合理。我們講國家起源，頗有點和近世民約說相類，可惜只到霍布士洛克一流的見地，沒有到盧騷的見地。這也是時代使然，不足深怪。人類爲什麼要有國家呢？國家爲什麼要有政府呢？政府爲什麼要一個當首長呢？對於這個問題，各家的意見都不甚相遠，這種意見，像是在遠古時代已經存在的，論語記堯舜傳授的話說：

『允執其中，四海困窮，天祿永終。』

左傳記師曠的話說：

『天生民而立之君，使司牧之，豈其使一人恣於民上！』

這種學說，相傳很久，後來各家論政治起源，大率根本此說。以爲國家之建設，實起於羣眾意識的要求，例如儒家說：

『水火有氣而無生，草木有生而無知，禽獸有知而無義，人有氣、有生、有知、亦且有義，故最爲天下貴也。力不若牛，走不若馬，而牛馬爲用何也？曰：人能羣，彼不能羣也。人何以能羣？曰分。……故人生不能無羣，羣而無分則爭，爭則亂，亂則離，離則弱，弱則不能勝物，君者善羣者也。』（荀子王制篇）

墨家說：

『古者民始生未有刑政之時，蓋其語人異義。是以一人則一義，二人則二義，十人則十義。其人茲（同滋益也）眾，其所謂義者亦茲眾。是以人是其義，以非人之義，故交相非也。是以內者父子兄弟作怨惡，離散不能相和合；天下百姓，皆以水火毒藥相虧害；至有餘力不能以相勞，腐朽餘財不以相分。……明夫天下之亂生於無政長，是故選天下之賢可者，立以爲天子。……』（墨子尙同篇）

法家說：

『古者未有君臣上下之別，未有夫婦妃匹之合，獸處羣居，以力相征，於是智者詐愚，強者凌弱，老幼孤弱，不得其所。故智者假眾力以禁強虐而暴人止。……是故國之所以爲國者，民體以爲國；君之所以爲君者，賞罰以爲君。』（管子君臣篇）

又說：

『天地設而民生之。當此之時也，民知其母、而不知其父，其道親親而愛私。親親則別，愛私則險。民生眾而以別險爲務，則有亂。當此之時，民務勝而力征。務勝則爭，力征則訟，訟而無正則莫得其性也，故賢者立中，設無私而民日仁。當此時也，親親廢、上賢立矣。凡仁者以愛利爲務，道而賢者以相出爲務。民眾而無制，久而相出爲道則有亂，故聖人承之，作爲土地貨財男女之分，分定而無制、不可，故立禁；禁而莫之司、不可，故立官；官設而莫之一、不可，故立君。既立其君，則上賢廢而貴貴立矣。』（商君書開塞篇）

各家之說，皆爲救濟社會、維持安寧秩序起見，不得不建國、不得不立君。荀子所注重者，在人類征服自然，有感互助之必要，乃相結爲羣，而立君以爲司之，故『君』實以『羣』得名。墨子則以爲欲齊壹社會心理，形成社會意識，所以有立君的必要。管子所說，和諸家大致相同，他說『民體以爲國，』對於『國家以民眾意識爲成立基礎』的觀念，指點得很明瞭。然則國家的首長——卽君主，從那裏發生出來呢？儒家根據『天生民而立之君』的舊說，說是由天所命。但天是個冥漠無朕的東西，此說未免太空泛了。墨家說『選天下之賢可者，』像是主張君位由選舉產出，但選舉機關在那裏？選舉程序如何？墨家未嘗明言。法家的商君書，把國家成立分爲三階段，第一段是血族社會，靠『親親』來結合；第二段是部落社會，靠『上賢』來結合；第三段纔是國家社會，卻靠『貴貴』來結合。他所說和事實很相近，我們拿歐洲歷史——就中日耳曼民族歷史，都可以證明。各家所說，雖小有異同，但有一共通精神，他們都認國家是由事實的要求纔產生的；國家是在民眾意識的基礎之上纔成立的。近代歐美人所信仰的三句政府原則，——所謂Of people, for people, by people, 他們確能見到 of, for，這兩義，尤爲看得眞切，所以他們向來不承認國家爲一個君主、或某種階級所有；向來不承認國家爲一個君主或某種階級的利益而存在。所以他們認革命爲一種正當權利，易經說：

『湯武革命，順乎天而應乎人。』

孟子說：

『殘賊之人，謂之一夫，聞誅一夫紂矣，未聞弒君也。』

這種道理，儒家闡發最透，各家精神，亦大略相同。所以中國階級制度，消滅最早。除了一個皇帝以外，在法律之前萬人平等。而皇帝也不是什麼『神聖不可侵犯』的東西。經濟組織，以全國人機會均等爲原則，像歐洲那種大地主和農奴對峙的現象，中國簡直沒有，都是由這種學說生出來的影響。

第三、中國人對於國家性質和政治目的，雖看得不錯，但怎麼樣纔能貫徹這目的呢？可惜沒有徹底的發明。申而言之，中國人很知民眾政治之必要，但從沒有想出個方法叫民眾自身執行政治。所謂 By people 的原則，中國不惟事實上沒有出現過，簡直連學說上也沒有發揮過，書經說：

『天視自我民視，天聽自我民聽。』（孟子引秦誓）

像這種類的話，各家書中都有，但『民視民聽』怎麼樣纔能表現呢？各家都說不出來。管子說：

『以天下之目視，則無不見也；以天下之耳聽，則無不聞也；以天下之心慮，則無不知也。』（管子九守篇）

又說：

『夫民、別而聽之則愚，合而聽之則聖。雖有湯武之德，復合於市人之言，是以明君順人心，安情性，而發於眾心之所聚。……先王善與民為一體。與民為一體，則是以國守國，以民守民也。』（管子君臣篇）

這種話，原理是說得精透極了，但實行方法，仍不外勸那『治者』採取那『被治者』的與論。治者和被治者，還是打成兩橛。尹文子的見解，稍為進步些，他說：

『為善不能使人得從，此獨善也；為巧不能使人得從，此獨巧也；未盡善巧之理。為善與眾行之，為巧與眾能之，此善之善者，巧之巧者也。所貴聖人之治，不貴其獨治，貴其能與眾共治。貴工倕之巧，不貴其獨巧，貴其能與眾共巧也。』（尹文子大道篇）

『與眾共治』一語，可以說很帶德謨克拉西色彩。但他是否遥主張民眾進而自治，還不很明瞭。他又說：

『己是而舉世非之，則不知己之是。己非而舉世是之，亦不知己所非。然則是非隨眾賈（即價字）而為正，非己所獨了。則犯眾者為非，順眾者為是。』（同上）

這段話把民眾意識的價值，赤裸裸地批判。民眾政治好的壞的兩方面，確都見到。但他對於這種政治，言外含有不滿之意，不見得絕對主張。

第四、中國人說政治，總以『天下』爲最高目的，國家不過與家族同爲達到這個最高目的的中之一階段。儒家說的『平天下』（禮記大學），『以天下爲一家，中國爲一人。』（禮記禮器）道家說的『以天下觀天下，』（老子）這類話到處皆是，不必多引了。法家像很帶有國家主義的色彩，然而他們提倡法治，本意實爲人類公益起見，並不是專爲一個國家，所以商君書修權篇說：『爲天下治天下』，而斥『區區然擅一國者』爲『亂世。』至於墨家，越發明瞭了，墨子說：

『天兼天下而愛之。……天之有天下也，譬之無以異乎國君諸侯之有四境之內也。……』（天志篇）

『夫取天之人，以攻天之邑，此刺殺天民。……上不中天之利矣。……』（非攻篇）

墨子說的『天志』，說的『兼愛』，都是根本於這種理論。他的眼中，並沒有什麼國家的界限，所以他屢說『視人之國若其國。』（兼愛篇）

這樣看來，先秦政治學說，可以說是純屬世界主義。像歐洲近世最流行的國家主義，據我們先輩的眼光看來，覺得很褊狹可鄙。所以孔子、墨子、孟子、諸人，周遊列國，誰採用我的政策，我便幫助他，從沒聽見他們有什麼祖國的觀念。因爲他們覺得自己是世界上一個人，並沒有專屬於那一國。又如秦國的政治家，從由余、百里奚起，到商鞅、張儀、范睢、李斯止，沒有一個是秦國國籍。因爲他們覺得世界上一個行政區域（國），應該世界上有才能的人都有權來共同治理。若拿現代愛國思想來責備他們，那麼簡直可以說春秋戰國時代的人，個個都是無廉恥，個個都是叛逆。然而拿這種愛國思想和他們說，他們總覺得是不可解。須知歐洲的法蘭西和德意志，當沙里曼大帝時，只是一國，到今日卻成了幾百年的世仇。中國的晉和楚，當春秋時劃然兩國，秦漢以後，便一點界限痕跡都沒有。現在若有人說你是山西國民，我是湖北國民，豈非笑話！可見彼我學說之異同，影響於歷史上事實者至大。我們所以能化合成恁麼大的一個民族，很受這種世界主義政治論之賜。而近二三十年來，我們摹仿人家的國家主義，所以不能成功，原因亦由於此。所以這派學說，在從前適用，在將來也會適用，在現在眞算最不適用了。

四

前回講的四大潮流，現在要分別論他。

無治主義，是道家所極力提倡的全部老子，可以說有三分之一是政治論。他的政治論，全在說明無治主義的理想和作用。無治主義如何能在學理上得有根據呢？據老子的意思，以爲人民自己會做自己的事，只要隨他做去，自然恰到好處。他說：

『民莫之令而自均；』

又說：

『我無爲而民自化，我好靜而民自正，我無事而民自富，我無欲而民自樸。』

這種論調，很像亞丹斯密的一派經濟學說。以爲只要絕對的放任自由，自然會得良好結果。所以凡帶一點干涉，他都反對，他說：

『夫代大匠斲者，希有不傷其手矣；』

又說：

『天下神器，不可爲也，爲者敗之，執者失之；』

又說：

『愛民治國，能無知乎？明白四達，能無爲乎？……生之、畜之；生而不有，爲而不恃，長而不宰，是謂玄德。』

這種話對於政治上干涉行爲，一切皆絕對否認。像『代大匠斲必傷其手』這種見解，我們不能不承認爲含有一面眞理。我想起歐洲某學者有兩句妙語說：『英國王統而不治，法國總統治而不統。』老子『長而不宰』這句話，正可以拿『統而不治』來做訓詁。

這種絕對自由論調，論理、他的結論應該歸到人民自治那條路去。例如英國王統而不治。所以『治』的權自然是歸到人民組織的國會。老子卻不是這樣想，他以爲這樣子還是『爲，』還是『執，』還是『宰，』還是『代斲。』對於無治主義不能貫徹，他理想的政治社會是：

『小國寡民，使有什伯之器而不用，使民重死而不遠徙。雖有舟輿，無所乘之；雖有甲兵，無所陳之。使人復結繩而用之。甘其食，美其服，安其居，樂其俗，鄰國相望，鷄犬之聲相聞，民至老死不相往來。』

這種主張，不獨說人民不應該當被治者，並且說不應該當治者。因爲他根本認『治』是罪惡，被治和自治，在他眼中原沒甚分別。

後世信奉這主義最熱烈的，有和孟子同時的許行。許行的門徒陳相說：

『賢者與民並耕而食，饔飧而治。今也滕有倉廩府庫，則是厲民而以自養也。』（孟子滕文公上）

又說：

『從許子之道，則市價不二，國中無僞，雖使五尺之童適市，莫之或欺。……』（同上）

正祖述老氏之說，和現代無政府黨同一口吻。

我們要問，老子許子心目中的『烏託邦，』要有什麼先決條件纔能實現呢？我們從老子書中察勘得出來。他說：

『不尚賢，使民不爭；不貴難得之貨，使民不爲盜；不見可欲，使民心不亂。』

又說：

『見素抱樸，少私寡欲。』

不錯，果然能够人人都少私寡欲，自然可以鄰國相望、……老死不相往來；自然用不着甚麼被治自治。你說不尚賢使民不爭，他們自己會『尚』起來呀。你說不見可欲使民心不亂，拿可欲的給他見，固然是干涉，一定不許他見，還不是干涉嗎？況且他自然會見，自然會欲，你又從何禁起呢？荀子說：

『人生而有欲，欲而不得則不能無求，求而無度量分界則不能不爭。爭則亂，……』（禮論篇）

韓非子亦說：

『古者不事力而養足，人民少而財有餘，故民不爭。……今人民衆而貨財寡，事力而供養薄，故民爭。……』（五蠹篇）

老子的無治主義，以人民不爭不亂爲前提；荀子韓子從經濟上觀察，說明老子所希望的不爭不亂萬萬辦不到。孟子駁難許行，也是從經濟方面立論，老子之徒若不能反駁，那麼無治主義算是受了致命傷了。

五

人治主義，是儒家墨家共同的。拿現在的話講，就是主張賢人政治。孔子說：

『爲政在人，……其人存、則其政舉；其人亡、則其政息。』（禮記中庸）

又說：

『修己以安人，修己以安百姓。』（論語）

諸如此類，不可枚舉。孟子說的『法先王，』荀子說的『法後王，』歸根結底，不外人治主義。荀子更明目張膽擡出人治主義和法治主義宣戰，說道：

『有治人，無治法。……法不能獨立，類不能自行，得其人則存，失其人則亡。……』（君道篇）

然而孟子所謂法，不外『遵先王之法，』也可以說仍在人治範圍內。他說的『行仁政，』說的『保民而王，』都是靠賢人做去，所謂『苟非其人，道不虛行，』可以算他最後的結論。

孟子較爲帶折衷精神，說道：

『徒善不足以爲政，徒法不能以自行。』（離婁上）

墨家的人治主義，主張得尤爲簡單堅決。『尚賢』、『尚同』是墨家所標主義裏頭很重要的兩種。尚賢主義和老子的『不尚賢、使民不爭，』恰是反面。他主張的理由如下：

『何以知尚賢爲政之本也？曰：自貴且智者爲政乎愚且賤者則治，自愚賤者爲政乎貴且智者則亂。……

『……且夫王公大人，……不察其知而以其愛，是故不能治百人者，使處乎千人之官，不能治千人者，使處乎萬人之官，……夫不能治千人者使處乎萬人之官，則此官什倍也，夫治之法將以日至者也。日以治之，日不什脩；知以治之，治不什益，而予官什倍，此則治

其一而棄其九矣。……』（尙同中）

這些話是針對當時貴族政治立言，很含有一部分精理。拿歐美官署或公司裏頭的辦公人和中國比較，他們的勞力能率，總要比我們加好幾倍。我們都是『以不能治千人者處萬人之官。』我有位朋友曾說兩句話很妙，他說：『人人都說中國國民程度不够，我說只有國官程度不够。』墨子這一派尙賢主義，可以說現在還該極力提倡，而且我信他永久可以適用。

墨子的尙同主義，也是從尙賢引申出來，而結果益趨於極端，他說：

『是故里長者里之仁人也。里長發政里之百姓，言曰：「聞善而（訓或）不善，必以告其鄉長，鄉長之所是，必皆是之；鄉長之所非，必皆非之。去若（訓汝）不善言，學鄉長之善言，去若不善行，學鄉長之善行。」……鄉長惟能壹同鄉之義，是以鄉治也。鄉長者，鄉之仁人也。鄉長發政鄉之百姓，言曰：「聞善而不善，必以告國君。國君之所是，必皆是之；國君之所非，必皆非之。……」國君惟能壹同國之義，是以國治也。國君者國之仁人也。國君發政國之百姓，言曰：「……天子之所是，必皆是之；天子之所非，必皆非之。……」天子唯能壹同天下之義，是以天下治也。……』（尙同上）

又說：

『明乎民之無正長以一同天下之義而天下亂也，是故選擇賢良聖知辯慧之人，立以爲天子，使從事乎一同天下之義。天子既以（同已）立矣，以爲唯其耳目之請（情字假借）不能獨一同天下之義，是故選擇天下贊閱賢良聖知辯慧之人，置以爲三公，與從事乎一同天下之義。以爲天下博大山林遠土之民不可得而一也，是故靡分天下設以爲萬諸侯國君，使從事乎一同其國之義。……率其國之萬民以尙同乎天子，……凡國之萬民上同乎天子而不敢下比，天子之所是，必亦是之；天子之所非，必亦非之。……』（尙同中）

墨子這種主張，可以叫做徹底的賢人政治，可以叫做絕對的干涉主義。他要「壹同天下之義，」要『是上之所是，非上之所非；』要人人都『上同而不敢下比；』簡直連思想言論的自由，都剝奪淨盡了。墨子爲什麼信任天子到這種程度呢？他說：

『天子之視聽也神，……非神也。夫唯能使人之耳目助己視聽，使人之吻助己言談，使人之心助己思慮，使人之股肱助己動作。……』（尙同下）

他的意思，因爲天子能尙賢，所以可信任。尙賢、尙同，是連帶的理論。

墨子的主張，要有一個先決條件。倘若國君一定是一國的仁人，天子一定是天下的仁人，那麼，這種學說，還可以有相對的成立餘地。試問墨子有何方法能够保證呢？墨子說：『選舉天下賢可者，立以爲天子。』不錯，選舉是好極了。由什麼人選舉呢？怎麼選舉法呢？選與出來的人何以靠得住是『天下賢良聖知辯慧』呢？可惜墨子對於這種種問題，都沒有給我們滿意的答覆。但我們細讀墨子書，大略看出他的方法來了。墨家是一個宗教，敎主自然認爲天下最仁賢的人。敎主死了過後，承襲敎主道統的，也是天下最仁賢的人。這個人，墨家上他一個徽號，叫做

「鉅子。」我們從傳記中看見好幾處記鉅子的行動，可以看出他在本教中權力如何。簡單說，倘若墨教統一中國，恐怕要採歐洲中世羅馬教徒所主張的「法王政治。」這種政治，教徒當然說是最好，但到底好不好，用公平的政治學者眼光看來，怕沒有什麼可商量的餘地罷。

墨家的人治主義，本來太極端，不須多辨。卽儒家之中庸的人治主義，可指摘處亦甚多，後來法家駁得極透徹，尹文子說：

『田子（田駢）讀書曰：堯時太平。宋子（宋鈃）曰：聖人之治以致此乎？彭蒙在側，越次而答曰：聖法之治以致此，非聖人之治也。宋子曰：聖人與聖法何以異？彭蒙曰：子之亂名甚矣。聖人者自己出也；聖法者自理出也。理出於己，己非理也；己能出理，理非己也。故聖人之治，獨治者也；聖法之治，則無不治矣。』（大道下）

此言對於人治法治兩觀念根本不同之處說得最爲明白。然則何以見得『聖法之治則無不治』呢？尹文子又說：

『若使遭賢則治，遭愚則亂，是治亂續於賢愚，不係於禮樂；是聖人之術，與聖主而俱沒。治世之法，逮易世而莫用，則亂多而治寡。……』（大道上）

韓非子亦說：

『且夫堯舜桀紂，千世而一出。……中者上不及堯舜，而下亦不爲桀紂。抱法……則治，背法……則亂。背法而待堯舜，堯舜至乃治，是千世亂而一治也。抱法而待桀紂，桀紂至

乃亂，是千世治而一亂也』。（難勢篇）

這兩段都是說「人存政舉，人亡政息，」不是國家長治久安之計，最能指出人治主義的根本缺點。韓非亦以大多數的「中人」為標準，說得更為有力。

人治主義派自己辨護，或說雖有良法，不得人而用之亦屬無效。法治派反駁道：

『……夫曰良馬固車，臧獲御之，則為人笑，王良御之，則日取乎千里；吾不以為然。夫待越人之善海游者，以救中國之溺人，越人善游矣，而游者不濟矣。夫待古之王良以馭今之馬，亦猶越人救溺之說也，不可亦明矣。夫良馬固車，五十里而一置，使中手御之，追速致遠，可以及也，而千里可日致也，何必待古之王良乎？且御非使王良也，則必使臧獲敗之；治非使堯舜也，則必使桀紂亂之。此則積辨累辭，離理失實，兩未之議也。』（韓非子難勢篇）

這一段說的是「人無必得之劵，則國無必治之符，」政權總是有人把持的。希望賢人政治的人，碰不着賢人，政權便落不肖者之手，豈不是全糟了嗎？法治則中材可守，所以穩當。

法治派之駁難人治，再進一層，說道：

『夫言行者，以功用為之的彀者也。夫砥礪殺矢，而以妄發，其端未嘗不中秋毫也。然而不可謂善射者，無常儀也。設五寸之的，引十步之遠，非羿逢蒙不能必中者，有常也。故有常、則羿逢蒙以五寸的為功；無常、則以妄發之中秋毫為拙。』（韓非子問辯篇）

此論極刻入。以為人治主義，不得人固然破壞，即得人也不算成立。因為偶然的事實，不能作為學理標準，學理標準，是要含必然性的。

法治派對於人治派之尚賢政策，還有一種攻擊，說道：

『今上論材能知慧而任之，則知慧之人希主好惡，使官制物以適主心，是以官無常，國亂而不壹。』（商君書農戰篇）

前所舉各條，不過說賢人不易得，並非說賢人不好，還是消極的排斥。這一條說尚賢根本要不得，是積極的排斥。雖說得過火些，卻也含一部分眞理。

平心論之，人治主義不能說他根本不對，只可惜他們理想的賢人靠不住能出現。欲貫徹人治主義，非國中大多數人變成賢人不可。儒家的禮治主義，目的就在救濟這一點。

六

禮治主義是儒家所獨有的，也是儒家政治論的根本義。孔子說：

『道之以政，齊之以刑，民免而無恥；道之以德，齊之以禮，有恥且格。』（論語）

當時法治的學說，雖尚未盛行，然而管仲子產一流的政治家，已有趨重法治的傾向。孔子這段話，算是對於當時的政治實際狀況，表示自己的態度。

禮到底是甚麼？我們試把儒家所下的定義參詳一番。

『禮也者，理之不可易者也。』（禮記樂記）

『禮者，因人情之節文以爲民坊者也。』（禮記坊記）

『禮也者，義之實也。』（禮記禮運）

『禮也者，節之準也。』（荀子致士篇）

『禮、衆之紀也。』（禮記禮器）

『禮者，斷長續短，損有餘，益不足，達愛敬之文，而滋成行義之美者也。』（荀子禮論篇）

儒家最崇信自然法，禮是根本自然法制成具體的條件，作人類行爲標準的東西。

然則禮爲什麼可以做政治的工具呢？儒家說：

『禮起於何也？人生而有欲，欲而不得則不能無求；求而無度量分界則不能不爭。爭則亂，亂則窮。先王惡其亂也，故制禮義以分之。以養人之欲，給人之求；使欲必不窮乎物，物必不屈於欲。兩者相持而長，是禮之所起也。……故禮者養也。君子既得其養，又好其別。曷謂別？曰：貴賤有等，長幼有差，貧富輕重皆有稱者也。』（荀子禮論篇）

又說：

『天下害生縱欲，欲惡同物。欲多而物寡，寡則必爭矣。……離居不相待則窮，羣而無分則爭。窮者患也，爭者禍也。救患除禍，莫若明分。』（荀子富國篇）

又說：

『飲食男女，人之大欲存焉；死亡貧苦，人之大惡存焉。故欲惡者，心之大端也。……欲一以窮之，舍禮何以哉！」（禮記禮運）

他們從經濟上着眼，以爲社會所以有爭亂，都起於人類欲望的衝動。道家主張無欲，雖然陳義甚高，無奈萬做不到。他們承認欲望的本質不是壞的，但要給他一個度量分界，纔不至以我個人過度的欲望侵害別人分內的欲望。這種度量分界，名之曰禮。所以說：『禮者，因人情之節文以爲民坊。』他們以爲這種「根據人情加以修正」的禮，是救濟社會最善最美的工具。所以說：

『禮豈不至矣哉！……至文以有別，至察以有說，天下從之者治，不從者亂；從之者安，不從者危。……故繩墨誠陳矣，則不可欺以曲直；衡誠縣矣，則不可欺以輕重；規矩誠設矣，則不可欺以方圓，君子審於禮，則不可欺以詐僞。故繩者直之至，衡者平之至，規矩者方圓之至，禮者人道之極也。』（荀子禮論篇）

我們讀了這段話，不知不覺把禮治家所謂禮和法治家所謂法聯想到一起。法家說：

『有權衡者不可欺以輕重，有尺寸者不可差以長短，有法度者不可誣以詐僞。』（馬氏意林引愼子）

此外法家書這一類話還甚多，恕我不一一徵引了。

儒家讚美他的禮，法家讚美他的法，用的都是一樣話。究竟這兩件東西是一是二呢？那一件眞能有這種功用呢？孔子有段話說得最好：

『君子之道，譬猶防歟！夫禮之塞，亂之所由生也；猶防之塞，水之所從來也。……凡人之知，能見已然，不能見將然。禮者禁於將然之前，而法者禁於已然之後。……禮云、禮云，貴絕惡於未萌，而起敬於微眇，使民日徙善遠罪而不自知也。』（大戴禮記禮察篇）

法是事後治病的藥，禮是事前防病的衞生術，這是第一點不同。孔子又說：

『禮義以爲紀。……示民有常，如有不由此者，在勢者去，眾以爲殃。』（禮記禮運）

法是靠政治制裁力發生作用。在這個政府之下，就不能不守這個政府的法。禮卻不然，專靠社會制裁力發生作用。你願意遵守禮與否，儘隨你自由。不過你不遵守時，社會覺得你是怪物，你在社會上便站不住。制裁力源泉各別，是禮與法第二點不同。

禮治絕不含有強迫的意味，專用敎育手段慢慢地來收效果。論語記：

『子適衞，冉有僕。子曰：庶矣哉！冉有曰：既庶矣，又何加焉？曰：富之。既富矣，又何加焉？曰：敎之。』

提倡禮治主義的人，專務『移風易俗，』最高目的，是『使人人有士君子之行。』他們以爲經過這一番工夫，便可以『無爲而治。』孔子說：

『大道之行也，天下爲公。選賢與能，講信修睦。故人不獨親其親，不獨子其子。使老有所終，壯有所用，幼有所長，鰥寡孤獨廢疾者，皆有所養。男有分，女有歸。貨惡其棄於

地也，不必藏諸己，力惡其不出於身也，不必爲己。是故謀閉而不興，盜竊亂賊而不作，是謂大同。』（禮記禮運）

這是儒家理想的社會。把社會建設在兼愛互助的基礎之上，眞可以實行無治主義了。但何以能如此呢？下文說：

『故聖人能以天下爲一家，中國爲一人者，非意之也，必知其情。辟於其義，明於其利，達於其患，然後能爲之。何謂人情？喜怒哀懼愛惡欲，七者弗學而能。何謂人義？父慈、子孝、兄良、弟弟、夫義、婦聽、長惠、幼順、君仁、臣忠，十者謂之人義。講信修睦，謂之人利；爭奪相殺，謂之人患。故聖人之所以治人七情、修十義、講信、修睦、尚賢讓、去爭奪，舍禮何以治之？』（同上）

據上所說，禮治主義的根本精神大略可見了。這種禮治主義，儒家雖然說得很圓滿，然而逃不了四方八面的攻擊。道家因爲他帶有干涉氣味，違反自然，所以攻擊他說道：

『失道而後德，失仁而後義，失義而後禮。夫禮者，忠信之薄，而亂之首。』墨家尊實利主義，因爲他偏於形式而太嚕嗦，所以攻擊他說道：

『儒學不可以議世，勞思不可以補民，累壽不能盡其學，當年不能究其禮。』（墨子非儒篇）

法家和道家正相反，道家因爲他干涉，所以攻擊他。法家因爲他不干涉，所以攻擊他。法家說：

『夫聖人之治國，不恃人之爲吾善也，而用其不得爲非也。恃人之爲吾善也，境內不什數。用人不得爲非，一國可使齊。爲治者，用衆而舍寡，故不務德而務法，……不恃賞罰而恃自善之民，明主弗貴也。何也？……所治非一人也。』（韓非子顯學篇）

各家攻擊禮治主義之言大略如此。我們試平心把這個主義的價値檢查一番。禮這樣東西，本是以社會習慣爲根據。社會習慣，多半是由歷史上傳統的權威積漸而成。不能認他本質一定是好的。絕對尊重他用作政治上主義，很可以妨害進步。我們實在不敢贊成，但換個方面看來，習慣支配社會的力量實在大得可怕。若不能將習慣改良，一切良法美意都成虛設。儒家提倡禮治主義的深意，是要使『人人有士君子之行。』法家說：『弗貴有自善之民。』儒家正和他們相反，確信非有『自善之民，』則良好政治不能出現。論語陽貨章說：

『子之武城，聞絃歌之聲，夫子莞爾而笑曰：「割鷄焉用牛刀？」子游曰：「吾聞之，君子學道則愛人，小人學道則易使也。」子曰：「二三子，偃之言是也，前言戲之耳。」』

這一章很可以見出儒家政論根本精神。他們是要國中人人都受教育，都成爲『自善之民。』他們深信賢人政治，但不是靠一兩個賢人。他們最後目的要把全社會人個個都變成賢人。質而言之，他們以養成國民人格爲政治上第一義。他們反對法治，反對的理由就專爲『民免而無恥，』於國民人格大有妨害。

拿辦學校做比方，法家以爲最要緊是嚴定章程，信賞必罰，令學生整齊嚴肅，學校自然進步。儒家不然，以爲最要緊是養成好學風，得有「自善」的學生，學校乃能進步。法家的辦法，例如每學期只准告假若干次、若干點鐘，過了便扣分數，以爲這樣便可以防懶惰的學生。例如圖書館規則嚴密規定弄汚了如何懲罰，撕破了如何懲罰，以爲這樣便可以防亂暴的學生。儒家以爲專靠這些，效力有限得很；而且會生惡結果。你立許多告假章程防備懶惰，那懶惰的學生，儘可以在不違犯告假章程內，依然實行懶惰。你立許多借書章程防止亂暴，那亂暴的學生，當着旁人不見的時候撕破書，你便無法追究。你要懲罰他時，他可以有法抵賴。所以立法無論若何嚴密，到底不能得豫期的效力。不惟如此，你把學生當作賊一般看待，學生越發不自愛，逼着他想出種種方法遁逃於法之外，養成取巧或作僞的惡德，便根本不可救藥了。所謂『免而無恥，』即指這種現象。儒家的辦法，以爲只要想方法引起做學問的興味，學生自然不會懶惰。只要想方法養成公德觀念，學生自然不會亂暴。在這種學風底下發育的學校，倘若學生中有一兩位懶惰亂暴的，全校學生都不齒他，這種制裁力，比什麼章程罰則都強。禮治的眞精神，全在這一點。從這一點看來，法治主義，很像從前德國日本的「警察政治；」禮治主義，很像英美的自由主義。儒家所以站得住的地方在此，若從繁文縟節上求「禮，」便淺之乎視儒家了。

七

法治主義，最爲晚出。法治成爲一種系統的學說，起於愼到、尹文、韓非諸人。然而以前的政治家，早已有人實行這種主義。道儒墨三家的學說，亦有一部分和法治相通。因此後起的學者，鎔貫這些偶現的事實和斷片的學理，組織成一個新派。今請先述法之定義。定義者有廣狹，廣義的「法，」如儒家說：

『是以明於天之道，而察於民之故，遂興神物以前民用。……一闔一闢謂之變，往來不窮謂之通。見乃謂之象，形乃謂之器，制而用之謂之法。』（易繫辭傳）

墨家說：

『法、所若而然也。』（墨子經上篇）

再追尋法字的語原，據說文說：

『灋刑也。平之如水，从水。廌所以觸不直者去之，从廌去。』『式、法也；』『笵、法也；』『模、法也；』『型鑄器之法也。』

「法」本字作「灋，」含有平直兩意。其互訓之「刑，」即「型」字。其字从井；井含有平正秩序之義。俗語『井井有條，』即其正訓。型爲器物之模範；法即行爲之模範。墨家說：『法所若而然，』意思是說：「你依着這樣做便對了。」儒家說法的本原在『天之道』與『民之故。』換句話說，就是「社會自然法則。」這種自然法則表現出來的叫做象。模範那象、用人力制成的叫做法。把以上幾條歸攏起來，可以下個定義道：『根據平正秩序的自然法則，制成一種模型，叫做法。』

依這廣義，凡人類一切行爲的模型，乃至無機物的模型，通謂之法。法家以爲範圍太廣泛了，他們另外下一種狹義解釋，說道：

『法者，憲令著於官府，刑罰必於民心，賞存乎愼法，而罰加乎姦令者也。』（韓非子定法篇）

又說：

『法者，編著之圖籍，設之於官府，而布之於百姓者也。』（韓非子難三篇）

從廣義的解釋，則法與禮同爲人類行爲的標準，可以說沒甚分別，而且可以由一個人「以身作則；」法治人治，也可混爲一談。狹義的解釋不然，他們所注重的，是具體的成文法；用國家權力強制執行，法家的特色全在這一點。

說到這裏，應該把古代成文法的沿革，略爲研究。現存的三代古籍，沒有一部是用法典形式編成的——周官很像行政法，但這書爲戰國以後僞作，已成學界公論。尚書呂刑篇說：

『苗民弗用靈，制以刑，惟作五虐之刑，曰法。』

像是刑法這樣東西，專爲統治異族的苗民而設。這種推測，很近情理。因爲古代部落社會，大半由血統關係而成立。部落不過大家族，家族的統治，靠情義和習慣便够了，用不着什麼法律。後來和外族競爭的結果，漸漸有些血族以外的人同棲於一社會中，這些人和社會的固有分子沒有什麼情意，和社會的固有習慣常常不相容，於是不能不立些法律來約束他、強迫他。荀子說：

『由士以上，則必以禮樂節之；衆庶百姓，則必以法數制之。』（富國篇）

荀子時候的「士」和「衆庶，」雖然不是用血統做區別，但這種觀念發源甚古。大約古代有貴族平民兩階級，貴族是相互的以禮爲坊；平民是片面的受治於法。所以說：

『禮不下庶人，刑不上大夫。』（禮記曲禮）

這種辦法，在部落時代，原是可行。但社會漸漸發達成了國家，情形卻不同了。社會分子日日增多，日日趨於複雜，貴族平民的界線日日混合變化，專靠相互的以禮爲坊，可有點維持不住了，成文的法律，就不得不應時而興。據左傳所記，各國有所謂「僕區之法」、「茅門之法」、「被廬之法」等名目，雖然內容如何，今無可考，大約是『憲令著於官府』的「法」之起原了。其他如晉國之『作原田，作州兵，』諒來都應該有一種條文來規定辦法。最顯著者，如管仲相齊，『作內政，寄軍令，制爲軌里連鄉之法。』他所制定的法律當然很多。到春秋末葉成文法之公布，遂成爲政論界一大問題。鄭國的子產要鑄刑書，晉國的叔向寫信責備他說道：

『先王議事以制，不爲刑辟懼民之有爭心也。……並有爭心，以徵於書，而徼幸以成之，

弗可爲矣。……錐刀之末，將盡爭之；亂獄滋豐，賄賂並行，終子之世，鄭其敗乎。』（左傳昭六）

後來晉國也作刑鼎，孔子史墨都批評他，認爲不好，意思和叔向大略相同。大約『民免而無恥，』是他們反對派最強的理由。當時子產回叔向的信說道：『僑不才，不能及子孫，吾以救世也。』觀此可知法治主義，已成爲那時候的「時代要求，」像子產一流的實行政治家，早已承認了。

到戰國初年，魏國的李悝遂制定法經六篇。後來商鞅以魏國人做秦國宰相，應用李悝的精神，把秦國做成法治的模範國。法經雖然久已亡佚，但現存的唐律疏義，以晉律爲底本，晉律以蕭何的漢律九章爲底本，漢律以法經爲底本。所以法經可以說是最古的成文法，用蛻形的方式有一部分流傳到今日。古代成文法制定公布的經過歷史大略如是。

法律之制定公布，既已爲「救世」所必要，各國政治家向這方面着着實行，而反對論亦蠭起。於是法治之可否，遂成爲學界問題。有一羣學者，要從學理上找出法治主義可能，且有益的根據，法家乃因而成立。說到這裏，我們有一件事應該注意，當時法家的大學者，不是和墨家有關係，便和道家有關係，如尹文、莊子天下篇把他和宋鈃並列。底子是箇墨家，然而他的言論，確是法治主義急先鋒。如韓非、人人公認爲法家中堅，他的書中，卻有解老、喻老等篇，可見他和道家淵源很深。然則主張無治主義的道家、和主張人治主義的個墨家，何以末流都歸到法治主義呢？試看以下所引幾條便可以尋出線索。

法治主義最堅強的壁壘，在「綜覈名實，」尹文子說：

『名者，名形者也。形者，應名者也。……故必有名以檢形，形以定名，名以定事，事以檢名。……善名命善，惡名命惡，……使善惡畫然有分，……名宜屬彼，分宜屬我。……定此名分，則萬事不亂也。』（大道上）

古代名學的派別和應用，不是本論範圍，今且不說。但看司馬遷以來都稱法家言爲「刑名之書，」法經第一篇便是名篇；漢律唐律第一章便是名律；可見得「法」和「名」關係的密切了。古代名學，墨家講得最精，墨經四篇，大半闡明名理。他們的後學，把來應用到政治論上，便完成法治主義。尹文子說：

『故人以度審長短，以量受多少，以衡平輕重，以律均清濁，以名稽虛實，以法定治亂，以簡治煩惑，以易御險難。萬事皆歸於一，百度皆準於法。歸一者簡之至，準法者易之極。如此，頑嚚聾瞽可與察慧聰智同其治也。』（同上）

墨家學說不是認『一人一義十人十義』爲不好，『要選舉仁賢聖智辯慧之人立爲天子，使之壹同天下之義』嗎？法家也認『壹同天下之義』爲必要，但「壹同的手段，不恃人而恃法。例如市面用的尺，有京尺，有廣尺，有滬尺，有英尺，有米突尺，便是「一人一尺，十人十尺。」我們和人說：『我有一尺布，』不知是一京尺呀，還是一廣尺、一英尺呢，這便是名實混亂。然則

「壹同天下之尺，」自然是有益而且必要，怎樣去「壹同」他呢？主張人治主義的人說：『某人手法最準，謂他用手量一量，便可認爲公尺。』但如何能件件東西都煩他用手去量呢？他的手一伸一縮，能保不生出參差嗎？這些問題，主張人治主義的人不能答覆。主張禮治主義的人說：『只要社會公認通行的便算公尺。』但所謂「社會公認，」有什麼法能令他一致？結果還不是「一人一尺，十人十尺」嗎。這問題主張禮治主義的人也不能答覆。主張法治主義的人說：『只要農商部設一個度量衡檢查所，用一定的標準來「壹同天下之尺，」用一塊銅片或竹木片規定他怎麼長便叫做「尺，」把「尺」的名確定之後，便循名責實，和這長度相等的便是尺，不相等的便不是尺。』墨家亦說：

『效也者，爲之法也。所效者，所以爲之法也。故中效則是也，不中效則非也。』（墨子小取篇）

法家把這種理論應用到實際，以爲萬事都要用法律規定，執政的人便立在法律後頭綜覈名實。看他「中」與「不中，」拿賞罰的威力制裁他。例如人民應該做那件事，不應該做那件事，憑聖君賢相一時的主觀的判斷來做標準嗎？不對；憑社會習慣做標準嗎？也不對。不如由國家法律定出一個標準，凡法律認爲應該做而不做，或認爲不應該做而做，都要受制裁。這是最簡易的辦法，譬如農商部的公尺頒定以後，不必有好手法的人，自然會根據這標準量布，毫釐絲忽不差，所以說：『頑嚚聾瞽可與察慧聰智同其治。』

法家的話，反覆發明這種道理的很多，韓非子說：

『設柙非所以備鼠也，所以使怯弱能服虎也。立法非所以避曾史也，所以使庸主能止盜跖也。』（守道篇）

意思是說，好人不必法律制裁他，法律的作用，在使無論何人都可制止惡事。又說：

『釋法術而心治，堯不能正一國。去規矩而妄意度，奚仲不能成一輪。……使中主守法術，拙匠守規矩尺寸，則萬不失矣。』（用人篇）

有人說，法定得妥當固然好，萬一不妥當豈不大糟？法家以為不然，他們說：

『法雖不善，猶愈於無法。所以一人心也。夫投鉤以分財，投策以分馬，非鉤策為均也，使得美者不知所以美，得惡者不知所以惡，所以塞願望也。』（愼子威德篇）

或疑法律威權如此其重，豈不是助成專制？法家的精神，卻大大不然。他們認法律為絕對神聖，他們不許政府行動軼出法律範圍以外。他們說：

『明君置法以自治，立儀以自正也。……禁勝於身，則令行於民矣。』（管子法治篇）

『不為君欲變其令，令尊於君。』（同上）

『有道之君，善明設法而不以私防者也。而無道之君，既已設法，則舍法而行私者也。……為人君者棄法而好行私，謂之亂。』（管子君臣篇）

『君人者，舍法而以身治，則誅賞予奪，從君心出。……君舍法，以心裁輕重，則同功殊

賞，同罪殊罰矣。怨之所由生也。』（愼子君人篇）

這類話，在法家書中屢見不一，他們的根本精神，專在防制君主『以心裁輕重，』不令『誅賞予奪從君心出，』所以又說：

『使法擇人，不自舉也。使法量功，不自度也。』（管子明法篇）

『不知親疏遠近美惡，以度量斷言，……故任天下而不重也。』（管子任法篇）

儒家最貴的是行仁政，法家不以爲然。法家在法律之下，無所謂愛憎，無所謂仁不仁，他們說：

『不爲愛民虧其法，法愛於民。』（管子法法篇）

又說：

『慈母之於弱子也，愛不可爲前。然而弱子有僻行使之隨師，有惡病使之事醫。不隨師則陷於刑；不事醫則疑於死。慈母雖愛，無益於振刑救死。則存子者非愛也。母不能以愛存家，君安能以愛持國。』（韓非子八說篇）

儒家每每攻擊法家刻薄寡恩，在法家不過在法律之下常常保持冰冷的面孔，特別的仁愛固然沒有，特別的刻簿亦何嘗有呢？

法家以爲任法的結果，可以到無爲而治的境界，他們說：

『名定則物不競，分明則私不行。物不競非無心，由名定故無所措其心；私不行非無欲，

由分明故無所措其欲。然則心欲人人有之，而得同於無心無欲者，制之有道也。』（尹文子大道上）

又說：

『聖君任法，而不任智，故身佚而天下治。』（管子任法篇）

他們以爲用法律正名定分，人民雖有私欲也行不開，自然可以變成無私無欲。又以爲用呆板的法律支配一切人事，統治的人一毫成見參不下去，自然可以垂拱無爲。然則法治主義結果可以達到無治的目的，道家後學所以崇拜法治在此。

然則有什麼保障能令法治實現呢？頭一件、君主不可『棄法而好行私；』不可『誅賞予奪從君心出；』前文已經說過了。他們更有一種有力的保障是，要法律公開，使人民個個都明白了解，他的辦法如下：

『公問公孫鞅曰：「法令以當時立之者，明旦欲使天下之吏民皆明知而用之，如一而無私，奈何？」公孫鞅曰：「爲法令置官吏，樸足以知法之謂者，以爲天下正。……諸官吏及民有問法令之所謂也，於主法令之吏，皆各以其故所欲問之法令明告之。各爲尺六寸之符，明書年月日時、所問法令之名以告吏民。主法令之吏不告及之罪而法令之所謂也，皆以吏民之所問法令之罪各罪主法令之吏。……故天下之吏民，無不知法者，吏明知民知法令也，故吏不敢以非法遇民；民不敢犯法以干法官也。遇民不修法則問法官，法官卽以法之罪告之，民卽以法官之言正告之吏，吏知其如此，故吏不敢以非法遇民；民又不敢犯法。如此，天下之吏民雖有賢良辯慧，不能開一言以枉法，……此所生於法明白易知而必行。……」』（商君書定分篇）

羅馬十二銅表法之公布，由人民用革命的手段纔換得來。法家這樣誠懇堅決主張法律公開，而且設種種方法令法律知識普及，眞可謂能正其本，能貫徹主義的精神了。

法治主義在古代政治學說裏頭，算是最有組織的，最有特色的，而且較爲合理的。當時在政治上，很發生些好影響。秦國所以盛強，確是靠他。秦國的規模，傳到漢代，得有四百年秩序的發展。最後極有名的政治家諸葛亮，也是因爲篤信這主義，纔能造成他的事業。可惜從漢以後，這主義一日比一日衰熄，結果竟完全消滅了。爲什麼消滅呢？一半是學說本身的原因；一半是政治上原因。學說本身原因：頭一件，太硬性，和國民性質不甚相容，所以遭儒家的打擊，便站不住；第二件、學說有不周密的地方，容易被壞人利用變壞了，這一點下文再詳說。政治上原因：頭一件，就是剛纔說的利用變壞；第二件，外族侵入和內亂劇烈的時候，眞成了俗話所謂「無法無天，」還有什麼法治呢！中國不幸在這種狀態之下過了一千多年，有何話說。政治在法治以上還要有事，我們是承認的。但若使連法治尚且辦不到，那便不成爲今日的國家，還講什麼「以上」呢！所以我希望把先秦法家眞精神，着實提倡，庶幾子產所謂『吾以救世』了。

我們雖崇拜法治主義，卻要知他短處，短處要分別言之。一是法治主義通有的短處；二是先秦法家特有的短處。什麼是法治主義通有的短處？法律權力淵源在國家，過信法治主義，便是過信國家權力，結果個人自由都被國家吞滅了，此其一。法治主義，總不免機械觀，萬事都像一個模型裏定製出來，妨害個性發展，此其二。逼着人民在法律範圍內取巧，成了儒家所謂『免而無恥，』此其三。這三種短處，可以說雖極圓滿的法治國家，也免不了的。什麼是先秦法家特有的短處呢？他們知道法律要確定、要公布；知道法律知識要普及於人民；知道君主要行動於法律範圍以內。但如何然後能貫徹這種主張，他們沒有想出最後最強的保障。申而言之，立法權應該屬於何人，他們始終沒有把他當個問題。他們所主張法律威力如此絕對無限，問法律從那裏出呢？還是君主，還是政府？他們雖然脣焦舌敝說：『君主當設法以自禁，』說：『君主不可舍法而以心裁輕重；』結果都成廢話。造法的權在什麼人，變法廢法的權自然也在那人。君主承認的便算法律；他感覺不便時，不承認他，當然失了法律的資格。他們主張法律萬能，結果成了君主萬能，這是他們最失敗的一點。因爲有這個漏洞，所以這個主義，不惟受別派的攻擊無從辯護，連他本身也被專制君主破壞盡了。我們要建設現代的政治，一面要採用法家根本精神，一面對於他的方法條理，加以修正纔好。

梁著「先秦政治思想史」標點後記

先秦諸子學說，傳流到今將及三千年。到現在仍然可以分出兩種意見，站在學術立場上，以研究的態度來看先秦諸子，欽敬多於瑕疵。因爲卽以「後來居上」這個信念來說，生在其後的人們，承受更多的文化薰陶和文明的洗禮，還很少能提出一項能夠獨樹一幟的說法來，這是諸子受到欽敬的原因之一，也可能是最主要的原因。站在實用的立場上，以求功效爲目的，便認爲時過境遷，現代環境和諸子時代已大不相同，諸子之說，自然無益於實用，因而不免存着揚棄的意思。可是假如我們盡量站在客觀的立場上，盡量免除主觀的態度，進入到諸子的意境裡去徹底了解他們的學說，或者會有比較持衡的說法。

人類的特徵是：一方面含有物質元素；一方面又有精神成分。在生活裡便時時刻刻受到由這兩種成分對立、互爲消長、以至矛盾衝突的困擾。於是見仁見智，眾說不一。究其實，我們既然承認具體物質的存在，卻又不能否定抽象精神的存在。因爲對於這兩者的認識、了解，以至提出種種說法的，都是「人」。如果說有困擾，則感覺到困擾的是人，造成困擾的，也是人本身。關鍵是沒有「一個人」能够獨自頂天立地。一個人而必須和別的人併立，才能維持「他」的存在，於是很多看似個人的問題，實際上卻關聯着「人和人」。

如果承認每個人都是一個獨立的個體，則要把多數人集結在一起，而使之成爲一個整體，便相當困難。這是從有史以來就難以處理的問題；也由此形成了今日知識領域中一門單獨的學問——政治。盡管今日對學問的分類極其精細，可是從事任何學問的人，都不能完全剔除政治意識：因爲生活在人羣中，只要目有視、耳有聽，就免不了這類影響——人和人的事。

先秦諸子都有一些政治主張。因爲他們都是人，都處在人羣之中，受到人和人之間行爲、和由行爲而成的事的影響。他們不能把自己劃出於人之外，也就免不了對人和對人所造成的事，有了看法。或者是這個原因，梁啟超先生以政治爲中心來申論先秦諸子的思想。如果就「先秦政治思想」這個書名來看這本書，勢將形成兩項錯誤：第一、只尋名求實，過於狹隘；第二、今日政治固然可以當作一項專門學問來研究，然而若只在政治的領域中去了解政治，可能會如盲人摸象，能够摸到一部分，卻得不到象的全貌。因爲政治緣人而生，人是一個整體，人的生活也是一個整體，縱然我們不願接受笛卡爾所說的：「殘缺的人、不能稱爲『人』，」也不能把政治思想從哲學思想中挖出來，說政治思想和哲學思想無關，說政治思想是完全獨立的思想。讀過這本書，可以看出梁啟超先生不是爲了研究先秦政治思想而去鑽研先秦諸子，乃是在研究先秦諸子的整體思想以後，爲了寫這本書而把政治思想擷要擇精的提了出來。由是使讀這本書的人，在梁先生的徵引之下，能夠接受他的意見；同時對於他治學的精神和成就，也異常欽佩。漢代只通一經者，便能被選爲博士，而梁先生精研諸經，並且融會貫通起來，明白的指陳，確切的比較，正是很多學者所期望而難能的。也由此可以悟出人、人生、以及人的知識都不容割裂，割裂了便得不到明白透徹的認識。而哲學仍然是統攝百學的學問；否則科學發達到今天，就不會有「科學的哲學」這一類的書出現了。

筆者不敏，又欠學，一向不敢妄度前哲之言；即或偶有一得之愚，也只是存留在自己的意念中，以待求證。此次因可皆張則堯先生偶然提及，認爲有將先秦政治思想史加以標點、以利讀者的必要；三民書局也有刊印的意願，興會所至，冒然承應了下來。但是深知自己缺乏文哲學習，標點符號又是泊來品，難以應用得確當，則錯誤之處，必然多有，希望方家不吝敎正。

標點這本書，曾經經歷多項困難，也正是筆者希望方家和讀者屈諒與不吝指敎之處。

第一、在引證和附錄中，梁先生臚列了很多古籍原文，以作者管窺蠡測的程度，生吞活剝，可能妄斷古人之意、而造成錯誤。而且古籍版本不同，原印刷中也偶有一二不符之處，於是如果同樣文字出現在兩次以上，便加以核對，以求其一致，但是卻難以加入考證的工夫，因爲這是筆者能力所不逮的，因此感到極爲不安。

第二、引文重覆之處，有的地方專起一行或一段；有的則夾在梁先生的陳述之中。在這種情形下，前者照外國引文的習慣，卽使原文未曾盡引，也要在句點的地方截住，那末再參照原文的意思，便用句點。對於後者便不同了，除非可以說得過去，否則縱然在原文的地方應該加句點，也只好用個逗點，以便見出陳述的語意。因此同樣的原文，由於出現的款式不同，標點便有了變化，希望讀者諒督。

第三、所臚列的原文，就文意來說，句末應該用句點；但是在梁先生數文並舉的時候，爲了表明梁先生列舉的用意，便用了分句點。這種情形，使得同樣的文字，所加的標點不同，也是希望讀者諒督的地方。

總之，筆者全部的希望是，加上標點以後，供給讀者的便利多於困擾；並希望讀者和筆者合力來求更確切的標點方式，以期無倿於先哲，無愧於梁先生。

賈馥茗識於臺北

民國六十九年三月

滄海叢刊書目

書名	作者
國學類	
中國學術思想史論叢(一)～(八)	錢　穆　著
現代中國學術論衡	錢　穆　著
兩漢經學今古文平議	錢　穆　著
宋代理學三書隨劄	錢　穆　著
先秦諸子繫年	錢　穆　著
朱子學提綱	錢　穆　著
莊子纂箋	錢　穆　著
論語新解	錢　穆　著
哲學類	
文化哲學講錄(一)～(五)	鄔昆如　著
哲學十大問題	鄔昆如　著
哲學的智慧與歷史的聰明	何秀煌　著
文化、哲學與方法	何秀煌　著
哲學與思想	王曉波　著
內心悅樂之源泉	吳經熊　著
知識、理性與生命	孫寶琛　著
語言哲學	劉福增　著
哲學演講錄	吳　怡　著
後設倫理學之基本問題	黃慧英　著
日本近代哲學思想史	江日新　譯
比較哲學與文化(一)(二)	吳　森　著
從西方哲學到禪佛教——哲學與宗教一集	傅偉勳　著
批判的繼承與創造的發展——哲學與宗教二集	傅偉勳　著
「文化中國」與中國文化——哲學與宗教三集	傅偉勳　著
從創造的詮釋學到大乘佛學——哲學與宗教四集	傅偉勳　著
中國哲學與懷德海	東海大學哲學研究所主編
人生十論	錢　穆　著
湖上閒思錄	錢　穆　著
晚學盲言(上)(下)	錢　穆　著
愛的哲學	蘇昌美　著
是與非	張身華　譯
邁向未來的哲學思考	項退結　著

現代藝術哲學	孫　旗　譯
現代美學及其他	趙天儀　著
中國現代化的哲學省思	成中英　著
不以規矩不能成方圓	劉君燦　著
恕道與大同	張起鈞　著
現代存在思想家	項退結　著
中國思想通俗講話	錢　穆　著
中國哲學史話	吳怡、張起鈞　著
中國百位哲學家	黎建球　著
中國人的路	項退結　著
中國哲學之路	項退結　著
中國人性論	臺大哲學系主編
中國管理哲學	曾仕強　著
孔子學說探微	林義正　著
心學的現代詮釋	姜允明　著
中庸誠的哲學	吳　怡　著
中庸形上思想	高柏園　著
儒學的常與變	蔡仁厚　著
智慧的老子	張起鈞　著
老子的哲學	王邦雄　著
逍遙的莊子	吳　怡　著
莊子新注（內篇）	陳冠學　著
莊子的生命哲學	葉海煙　著
墨家的哲學方法	鐘友聯　著
韓非子析論	謝雲飛　著
韓非子的哲學	王邦雄　著
法家哲學	姚蒸民　著
中國法家哲學	王讚源　著
二程學管見	張永儁　著
王陽明——中國十六世紀的唯心主義哲學家	張君勱原著、江日新中譯
王船山人性史哲學之研究	林安梧　著
西洋百位哲學家	鄔昆如　著
西洋哲學十二講	鄔昆如　著
希臘哲學趣談	鄔昆如　著
近代哲學趣談	鄔昆如　著
現代哲學述評㈠	傅佩榮編譯

當代西方哲學與方法論	臺大哲學系主編
人性尊嚴的存在背景	項退結編著
理解的命運	殷　鼎　著
馬克斯・謝勒三論	阿弗德・休慈原著、江日新　譯
懷海德哲學	楊士毅　著
洛克悟性哲學	蔡信安　著
伽利略・波柏・科學說明	林正弘　著
宗教類	
天人之際	李杏邨　著
佛學研究	周中一　著
佛學思想新論	楊惠南　著
現代佛學原理	鄭金德　著
絕對與圓融——佛教思想論集	霍韜晦　著
佛學研究指南	關世謙　譯
當代學人談佛教	楊惠南編著
從傳統到現代——佛教倫理與現代社會	傅偉勳主編
簡明佛學概論	于凌波　著
圓滿生命的實現（布施波羅密）	陳柏達　著
薝蔔林・外集	陳慧劍　著
維摩詰經今譯	陳慧劍譯註
龍樹與中觀哲學	楊惠南　著
公案禪語	吳　怡　著
禪學講話	芝峯法師　譯
禪骨詩心集	巴壺天　著
中國禪宗史	關世謙　著
魏晉南北朝時期的道教	湯一介　著
社會科學類	
憲法論叢	鄭彥棻　著
憲法論衡	荊知仁　著
國家論	薩孟武　譯
中國歷代政治得失	錢　穆　著
先秦政治思想史	梁啟超原著、賈馥茗標點
當代中國與民主	周陽山　著
釣魚政治學	鄭赤琰　著
政治與文化	吳俊才　著
中國現代軍事史	劉　馥著、梅寅生　譯
世界局勢與中國文化	錢　穆　著

中華文化十二講	錢　穆　著
民族與文化	錢　穆　著
楚文化研究	文崇一　著
中國古文化	文崇一　著
社會、文化和知識分子	葉啟政　著
儒學傳統與文化創新	黃俊傑　著
歷史轉捩點上的反思	韋政通　著
中國人的價值觀	文崇一　著
紅樓夢與中國舊家庭	薩孟武　著
社會學與中國研究	蔡文輝　著
比較社會學	蔡文輝　著
我國社會的變遷與發展	朱岑樓主編
三十年來我國人文社會科學之回顧與展望	賴澤涵　編
社會學的滋味	蕭新煌　著
臺灣的社區權力結構	文崇一　著
臺灣居民的休閒生活	文崇一　著
臺灣的工業化與社會變遷	文崇一　著
臺灣社會的變遷與秩序(政治篇)(社會文化篇)	文崇一　著
臺灣的社會發展	席汝楫　著
透視大陸	政治大學新聞研究所主編
海峽兩岸社會之比較	蔡文輝　著
印度文化十八篇	糜文開　著
美國的公民教育	陳光輝　譯
美國社會與美國華僑	蔡文輝　著
文化與教育	錢　穆　著
開放社會的教育	葉學志　著
經營力的時代	青野豐作著、白龍芽　譯
大眾傳播的挑戰	石永貴　著
傳播研究補白	彭家發　著
「時代」的經驗	汪琪、彭家發　著
書法心理學	高尚仁　著

史地類

古史地理論叢	錢　穆　著
歷史與文化論叢	錢　穆　著
中國史學發微	錢　穆　著
中國歷史研究法	錢　穆　著
中國歷史精神	錢　穆　著

國史新論	錢　穆　著
秦漢史	錢　穆　著
秦漢史論稿	邢義田　著
與西方史家論中國史學	杜維運　著
中西古代史學比較	杜維運　著
中國人的故事	夏雨人　著
明朝酒文化	王春瑜　著
共產國際與中國革命	郭恒鈺　著
抗日戰史論集	劉鳳翰　著
盧溝橋事變	李雲漢　著
老臺灣	陳冠學　著
臺灣史與臺灣人	王曉波　著
變調的馬賽曲	蔡百銓　譯
黃帝	錢　穆　著
孔子傳	錢　穆　著
唐玄奘三藏傳史彙編	釋光中　編
一顆永不殞落的巨星	釋光中　著
當代佛門人物	陳慧劍編著
弘一大師傳	陳慧劍　著
杜魚庵學佛荒史	陳慧劍　著
蘇曼殊大師新傳	劉心皇　著
近代中國人物漫譚・續集	王覺源　著
魯迅這個人	劉心皇　著
三十年代作家論・續集	姜　穆　著
沈從文傳	凌　宇　著
當代臺灣作家論	何　欣　著
師友風義	鄭彥棻　著
見賢集	鄭彥棻　著
懷聖集	鄭彥棻　著
我是依然苦鬥人	毛振翔　著
八十憶雙親、師友雜憶（合刊）	錢　穆　著
新亞遺鐸	錢　穆　著
困勉強狷八十年	陶百川　著
我的創造・倡建與服務	陳立夫　著
我生之旅	方　治　著

語文類

中國文字學	潘重規　著

書名	作者
中國聲韻學	潘重規、陳紹棠 著
訓詁通論	吳孟復 著
翻譯新語	黃文範 著
詩經研讀指導	裴普賢 著
陶淵明評論	李辰冬 著
鍾嶸詩歌美學	羅立乾 著
杜甫作品繫年	李辰冬 著
杜詩品評	楊慧傑 著
詩中的李白	楊慧傑 著
司空圖新論	王潤華 著
詩情與幽境——唐代文人的園林生活	侯迺慧 著
唐宋詩詞選——詩選之部	巴壺天 編
唐宋詩詞選——詞選之部	巴壺天 編
四說論叢	羅盤 著
紅樓夢與中華文化	周汝昌 著
中國文學論叢	錢穆 著
品詩吟詩	邱燮友 著
談詩錄	方祖燊 著
情趣詩話	楊光治 著
歌鼓湘靈——楚詩詞藝術欣賞	李元洛 著
中國文學鑑賞舉隅	黃慶萱、許家鶯 著
中國文學縱橫論	黃維樑 著
蘇忍尼辛選集	劉安雲 譯
1984	GEORGE ORWELL原著、劉紹銘 譯
文學原理	趙滋蕃 著
文學欣賞的靈魂	劉述先 著
小說創作論	羅盤 著
借鏡與類比	何冠驥 著
鏡花水月	陳國球 著
文學因緣	鄭樹森 著
中西文學關係研究	王潤華 著
從比較神話到文學	古添洪、陳慧樺主編
神話即文學	陳炳良等譯
現代散文新風貌	楊昌年 著
現代散文欣賞	鄭明娳 著
世界短篇文學名著欣賞	蕭傳文 著
細讀現代小說	張素貞 著

現代詩學	蕭　蕭　著
詩美學	李元洛　著
詩學析論	張春榮　著
橫看成嶺側成峯	文曉村　著
大陸文藝論衡	周玉山　著
大陸當代文學掃瞄	葉穉英　著
走出傷痕——大陸新時期小說探論	張子樟　著
兒童文學	葉詠琍　著
兒童成長與文學	葉詠琍　著
增訂江皐集	吳俊升　著
野草詞總集	韋瀚章　著
李韶歌詞集	李　韶　著
石頭的研究	戴　天　著
留不住的航渡	葉維廉　著
三十年詩	葉維廉　著
讀書與生活	琦　君　著
城市筆記	也　斯　著
歐羅巴的蘆笛	葉維廉　著
一個中國的海	葉維廉　著
尋索：藝術與人生	葉維廉　著
山外有山	李英豪　著
葫蘆·再見	鄭明娳　著
一縷新綠	柴　扉　著
吳煦斌小說集	吳煦斌　著
日本歷史之旅	李希聖　著
鼓瑟集	幼　柏　著
耕心散文集	耕　心　著
女兵自傳	謝冰瑩　著
抗戰日記	謝冰瑩　著
給青年朋友的信(上)(下)	謝冰瑩　著
冰瑩書柬	謝冰瑩　著
我在日本	謝冰瑩　著
人生小語㈠～㈣	何秀煌　著
記憶裏有一個小窗	何秀煌　著
文學之旅	蕭傳文　著
文學邊緣	周玉山　著
種子落地	葉海煙　著

向未來交卷	葉海煙 著
不拿耳朵當眼睛	王讚源 著
古厝懷思	張文貫 著
關心茶——中國哲學的心	吳怡 著
放眼天下	陳新雄 著
生活健康	卜鍾元 著

美術類

樂圃長春	黃友棣 著
樂苑春回	黃友棣 著
樂風泱泱	黃友棣 著
談音論樂	林聲翕 著
戲劇編寫法	方寸 著
戲劇藝術之發展及其原理	趙如琳譯著
與當代藝術家的對話	葉維廉 著
藝術的興味	吳道文 著
根源之美	莊申 著
中國扇史	莊申 著
立體造型基本設計	張長傑 著
工藝材料	李鈞棫 著
裝飾工藝	張長傑 著
人體工學與安全	劉其偉 著
現代工藝概論	張長傑 著
色彩基礎	何耀宗 著
都市計畫概論	王紀鯤 著
建築基本畫	陳榮美、楊麗黛 著
建築鋼屋架結構設計	王萬雄 著
室內環境設計	李琬琬 著
雕塑技法	何恆雄 著
生命的倒影	侯淑姿 著
文物之美——與專業攝影技術	林傑人 著